Vorwort

Ciao ragazzo, ciao ragazza,

in Forza! Italienische Verben und ihre Präpositionen findet ihr die wichtigsten italienischen Verben und ihre Anschlüsse sowie relevante Phrasen und Redewendungen zu den Verben. Forza! Italienische Verben und ihre Präpositionen eignet sich bestens für unterwegs und für die Schule.

Buon lavoro!

Verena Lechner

Alle Rechte vorbehalten. Jede Art der Vervielfältigung, auch die des auszugsweisen Nachdrucks, der fotomechanischen Wiedergabe sowie der Einspeicherung und Verarbeitung in elektronische Systeme, ist gesetzlich verboten.

Herstellung und Verlag: BoD - Books on Demand, Norderstedt
ISBN 978-3-7392-0160-3

Einleitung

In Forza! Verben und ihre Präpositionen sind die wichtigsten italienischen Verben inklusive ihrer Präpositionen bzw. Anschlüsse aufgelistet.

Anwendungsbeispiel:

battere

- qualcuno   jemanden schlagen
- alla porta   an die Tür klopfen

battere i piedi – mit den Füßen stampfen
battere le ali – mit den Flügeln schlagen
battere le mani – in die Hände klatschen

Die jeweiligen Infinitive sind fett gedruckt (im Beispiel: **battere**).
Die jeweiligen Anschlüsse sind mit Aufzählungszeichen angeführt, hier:

- qualcuno   jemanden schlagen
- alla porta   an die Tür klopfen

Relevante Phrasen oder Redewendungen rund um das Verb sind kursiv gedruckt, zB:

battere i piedi – mit den Füßen stampfen
battere le ali – mit den Flügeln schlagen
battere le mani – in die Hände klatschen

A

abbacchiare
- qualcuno   jemanden entmutigen

abbandonare
- qualcuno   jemanden verlassen, im Stich lassen

abbandonarsi a un vizio – sich einem Laster hingeben

abbassare
- qualcosa   etwas niedriger machen, senken

abbassare gli occhi – den Blick senken
abbassare la cresta – klein beigeben

abbattere
- qualcuno   jemanden töten

abbellire
- qualcosa   etwas verschönern, schmücken

abbinare
- qualcosa   etwas verbinden

abbisognare
- di qualcosa   etwas brauchen

abbonare
- qualcosa a qualcuno   jemandem etwas vergeben; abbonieren

abbonare qualcuno a una rivista – für jemanden eine Zeitschrift abbonieren
abbonarsi a un giornale – eine Zeitung abbonieren

abbondare

- di reichlich enthalten
- in qualcosa mit etwas übertreiben

abbonire

- qualcuno jemanden besänftigen

abbordare

- qualcuno jemanden ansprechen
- qualcosa etwas in Angriff nehmen

abbozzare

- qualcosa etwas entwerfen, skizzieren

abbozzare un sorriso – ein Lächeln andeuten

abbracciare

- qualcuno jemanden umarmen

abbrancarsi

- a qualcosa sich an etwas klammern

abbreviare

- qualcosa etwas abkürzen

abilitare

- qualcuno a fare qualcosa jemanden befähigen etwas zu tun

abitare

- a wohnen in (+ Stadt)
- in wohnen in (+ Land)

abitare in città – in der Stadt wohnen

abituare
- qualcuno a qualcosa   jemanden an etwas gewöhnen

abituarsi
- a qualcosa   sich an etwas gewöhnen

abiurare
- qualcosa   einer Sache abschwören

abolire
- qualcosa   etwas abschaffen

abominare
- qualcosa   etwas verabscheuen

aborrire
- da qualcosa   sich vor etwas ekeln

abusare
- di qualcuno   jemanden missbrauchen, ausnützen
- di qualcosa   etwas ausnützen

accanirsi
- contro qualcuno   sich gegen jemanden erbittern
- contro qualcosa   sich gegen etwas erbittern
- in qualcosa   sich in etwas verbohren

accaparrarsi
- qualcosa   sich etwas sichern

accarezzare
- qualcuno   jemanden streicheln
- qualcuno   jemandem schmeicheln

- qualcosa etwas schmeicheln

accarezzare qualcuno con lo sguardo – liebäugeln mit jemandem

---

accedere

- a qualcosa etwas betreten
- a qualcosa in etwas eintreten

---

accendere

- qualcosa etwas anzünden

---

accennare

- a qualcosa etwas ankündigen
- a qualcosa auf etwas anspielen

accennare di sì – nicken

---

accentare

- qualcosa etwas betonen

---

accentuare

- qualcosa etwas betonen

---

accertare

- qualcosa etwas feststellen, ermitteln

---

accettare

- qualcosa etwas akzeptieren

---

accingersi

- a fare qualcosa sich anschicken, etwas zu tun

---

acclamare

- qualcuno jemandem Beifall spenden

accogliere
- qualcuno — jemanden empfangen

accollare
- qualcosa a qualcuno — jemandem etwas aufhalsen

accomodare
- qualcosa — etwas reparieren, ausbessern

accompagnare
- qualcuno — jemanden begleiten

accompagnare un morto – einem Verstorbenen das letzte Geleit geben

accompagnarsi
- a qualcuno — sich zu jemandem gesellen

accondiscendere
- a qualcosa — auf etwas eingehen

acconsentire
- a qualcosa — einer Sache zustimmen, in etwas einwilligen

acconsentire a un progetto – auf einen Plan eingehen

accontentarsi
- di qualcosa — sich mit etwas zufriedengeben

accorarsi
- per qualcosa — sich etwas zu Herzen nehmen

accorciare
- qualcosa — etwas abkürzen

accordare

- qualcosa　　　　　　　　　etwas bewilligen

accorgersi

- di qualcosa　　　　　　　　etwas bemerken

accostare

- qualcuno　　　　　　　　　jemandem näher kommen

accostarsi

- a qualcuno　　　　　　　　sich jemandem nähern
- a qualcosa　　　　　　　　sich etwas nähern
- a qualcosa　　　　　　　　sich an etwas annähern

accosatarsi ai Sacramenti – die Sakramente empfangen

accostumare

- a qualcosa　　　　　　　　gewöhnen an

accostumarsi

- a qualcosa　　　　　　　　sich gewöhnen an

accudire

- a qualcosa　　　　　　　　sich einer Sache widmen

accumulare

- qualcosa　　　　　　　　　etwas anhäufen

accusare

qualcuno di qualcosa　　　　jemanden einer Sache beschuldigen

accusare mal di testa – über Kopfschmerzen klagen

acquietare

- qualcuno　　　　　　　　　jemanden beruhigen, besänftigen

acquisire

- qualcosa etwas erwerben

acquistare

- qualcosa etwas erwerben, kaufen
- in qualcosa an etwas zunehmen

acquistare in bellezza – schöner werden

adattare

- qualcosa etwas anpassen

adattare un abito a qualcuno – jemandem einen Anzug anpassen

adattarsi

- a qualcosa sich nach etwas richten

adattarsi ai tempi – sich an die Zeit anpassen

addebitare

- qualcosa a qualcuno jemanden mit etwas belasten

addestrare

- qualcuno jemanden ausbilden

additare

- a qualcuno mit dem Finger auf jemanden zeigen

addivenire

- a gelangen zu
- a qualcosa etwas erreichen

addivenire un accordo – zu einer Übereinkunft gelangen

addizionare

- qualcosa etwas addieren

addobbare

- qualcosa — etwas dekorieren

addolorare

- qualcuno — jemandem Schmerz zufügen

addomesticare

- qualcuno — jemanden bändigen
- qualcosa — etwas zähmen

addormentare

- qualcuno — jemanden zum Schlafen bringen

adeguare

- qualcosa — etwas angleichen

adeguare gli stipendi ai prezzi – die Löhne an die Preise angleichen

adeguarsi

- a qualcosa — sich an etwas anpassen

adibire

- qualcosa a qualcuno — etwas für jemanden vorsehen

adirarsi

- con qualcuno — jemanden zürnen

adombrare

- qualcuno — jemanden beschatten

adoperare

- qualcosa — etwas benutzen

adoperare le mani – schlagen

adoperarsi

- per qualcuno   sich für jemanden einsetzen

adorare

- qualcuno   jemanden lieben, anbeten

adottare

- qualcuno   jemanden adoptieren

adulare

- qualcuno   jemandem schmeicheln

adusare

- a qualcosa   gewöhnen an

affaccendarsi

- intorno a qualcosa   an etwas herumhantieren

affacciare

- qualcosa   etwas aufwerfen, vorbringen

affacciarsi alla mente – durch den Kopf gehen

affascinare

- qualcuno   jemanden bezaubern

afferire

- a qualcosa   etwas betreffen

affermare

- qualcosa   etwas bestätigen, bejahen

afferrare

- qualcosa   etwas ergreifen

afferrarsi
- a qualcuno   sich an jemanden klammern
- a qualcosa   sich an etwas klammern

affezionare
- qualcuno a qualcosa   jemandes Interesse für etwas wecken

affezionarsi
- a qualcuno   jemanden lieb gewinnen
- a qualcosa   etwas lieb gewinnen

affiancare
- qualcosa a qualcosa   etwas neben etwas stellen

affiancarsi
- a qualcuno   sich neben jemanden stellen

affidare
- qualcosa a qualcuno   jemandem etwas anvertrauen

affidarsi
- a qualcuno   sich auf jemanden verlassen

affittare
- qualcosa   etwas vermieten, verpachten

affittasi – zu vermieten

affogare
- in   ertrinken in

affogare nei debiti – bis zum Hals in Schulden stecken

affondare
- qualcosa   etwas vergraben

affrontare

- qualcuno   jemandem entgegentreten
- qualcosa   etwas entgegentreten

affrontare un pericolo – der Gefahr ins Auge blicken
affrontare un problema – ein Problem in Angriff nehmen
affrontare una situazione – sich einer Situation stellen
affrontare le spese – die Kosten auf sich nehmen

---

aggirarsi

- intorno a qualcosa   um etwas kreisen

---

aggiudicare

- qualcosa a qualcuno   etwas an jemanden vergeben

---

aggiungere

- qualcosa   etwas hinzufügen

---

aggiuntare

- qualcosa   etwas zusammenfügen

---

aggiustare

- qualcosa   etwas reparieren, ausbessern

aggiustare qualcuno per le feste – jemanden böse zurichten

---

aggrapparsi

- a qualcuno   sich an jemanden klammern
- a qualcosa   sich an etwas klammern

---

aggraziarsi

- qualcuno   jemandes Gunst erlangen

aggregarsi

- a qualcuno   sich jemandem angliedern
- a qualcosa   sich an etwas angliedern

agire

- contro qualcuno   gegen jemanden gerichtlich vorgehen

agitare

- qualcosa   etwas schütteln

aiutare

- qualcuno   jemandem helfen

aiutare la fuga di qualcuno – jemandem zur Flucht verhelfen

albergare

- qualcuno   jemanden beherbergen

alienare

- qualcuno da qualcosa   jemanden um etwas bringen

alienarsi

- qualcuno   sich jemandem entfremden
- qualcosa   sich etwas verscherzen

alimentare

- qualcuno   jemanden füttern, versorgen

allargare

- qualcosa   etwas erweitern

allargare il freno – die Zügel lockern

allargarsi
- con qualcuno   sich bei jemandem aussprechen

allargarsi nelle spese – sich mit den Ausgaben übernehmen

allarmare
- qualcuno   jemanden alarmieren

allearsi
- a qualcuno   sich mit jemandem verbünden
- con qualcuno   sich mit jemandem verbünden

allegare
- qualcosa   etwas beifügen, beilegen

alleggerire
- qualcosa   etwas erleichtern

allenarsi
- per qualcosa   auf etwas trainieren
- a qualcosa   auf etwas trainieren

allentare
- qualcosa   etwas lockern, lösen

allentare un ceffone a qualcuno – jemandem eine Ohrfeige verpassen

allestire
- qualcosa   etwas zubereiten

allontanarsi
- da   sich entfernen von

allontanarsi dalla retta via – vom rechten Weg abkommen

alludere

- a qualcosa   auf etwas anspielen

allungare

- qualcosa   etwas verlängern

allungare la strada – einen Umweg machen

allungare il passo – den Schritt beschleunigen

allungare le orecchie – die Ohren spitzen

alterare

- qualcosa   etwas verändern, verfälschen

alzare

- qualcosa   etwas hochheben

alzare il bicchiere – das Glas erheben

alzare le vele – die Segel hissen

alzare le tacchi – Fersengeld geben

alzare le mani – die Hände hochnehmen

alzare la cresta – hochmütig werden

alzare le spalle – mit den Schultern zucken

non alzare un dito – keine Finger rühren

alzarsi in volo – aufsteigen

amare

- qualcuno   jemanden lieben
- qualcosa   etwas lieben

ambire

- a qualcosa   nach etwas streben

ammaestrare
- qualcuno   jemanden belehren, unterweisen

ammalarsi
- di qualcosa   an etwas erkranken

ammanettare
- qualcuno   jemandem Handschellen anlegen

ammanicarsi
- con qualcuno   sich bei jemandem einschmeicheln

ammansire
- qualcuno   jemanden beschwichtigen, besänftigen

ammiccare
- a qualcuno   jemandem zuzwinkern

amministrare
- qualcosa   etwas verwalten

ammirare
- qualcuno   jemanden bewundern
- qualcosa   etwas bewundern

ammontare
- a qualcosa   sich auf etwas belaufen

amnistiare
- qualcuno   jemanden begnadigen

analizzare
- qualcosa   etwas analysieren

ancorarsi

- a qualcuno   sich an jemanden klammern
- a qualcosa   sich an etwas klammern

andare

- a fare qualcosa   gehen, um etwas zu tun
- via   weggehen
- a piedi   zu Fuß gehen
- in (treno, macchina,…)   fahren mit (+ Verkehrsmittel)
- in aereo   fliegen
- avanti   vorgehen

andare a zonzo – bummeln

andare a fare la spesa – einkaufen gehen

andare a mangiare – essen gehen

andare a prendere – abholen

andare a trovare – besuchen

andare di mezzo – dazwischenkommen

andare pazzo per qualcosa – von etwas begeistert sein

andare all'aria – auffliegen

andare a male – verderben

andare in fumo – in Rauch aufgehen

vai al diavolo! – scher dich zum Teufel!

andarsene – weggehen

anelare

- a qualcosa   etwas herbeisehnen

anestetizzare
- qualcuno   jemanden betäuben
- qualcosa   etwas betäuben

angosciare
- qualcuno   jemandem Angst machen

angosciarsi
- per qualcuno   sich um jemanden Sorgen machen
- per qualcosa   sich um etwas Sorgen machen

animare
- qualcuno   jemanden animieren
- qualcosa   etwas beleben

annichilare
- qualcuno   jemanden vernichten

annientare
- qualcuno   jemanden niederschmettern
- qualcosa   etwas zerstören

annoiare
- qualcuno   jemanden langweilen

annotare
- qualcosa   etwas notieren

annoverare
- tra…   zu… zählen

annullare
- qualcosa   etwas widerrufen, annullieren

annunciare

- qualcosa					etwas ankündigen

anticipare

- qualcosa					etwas vorverlegen

appagarsi

- di qualcosa					sich mit etwas begnügen

apparecchiare

- qualcosa					etwas herrichten

apparecchiare la tavola – den Tisch decken

appartenere

- a qualcuno					jemandem gehören
- a qualcosa					zu etwas gehören

appassionare

- qualcuno					jemanden begeistern

appassionarsi

- a qualcosa					sich für etwas begeistern

appellarsi

- a qualcuno					an jemanden appellieren
- contro qualcosa				gegen etwas Berufung einlegen

appianare

- qualcosa					etwas beseitigen

appiccare

- qualcosa					etwas befestigen

appiccicare
- qualcosa — etwas anheften

appigliarsi
- a qualcuno — sich an jemanden klammern
- a qualcosa — sich an etwas klammern

applaudire
- a qualcuno — jemandem applaudieren
- a qualcosa — etwas applaudieren

applicare
- qualcosa — etwsa aufkleben

appoggiare
- qualcosa — etws abstellen, ablegen

appoggiarsi
- a qualcosa — sich auf etwas stützen

apportare
- qualcosa — etwas beitragen

appostare
- qualcuno — jemandem auflauern
- qualcosa — etwas auflauern

apprendere
- qualcosa — etwas erlernen

apprestarsi
- a fare qualcosa — sich anschicken, etwas zu tun

apprezzare

- qualcuno   jemanden schätzen

---

approfittare

- di qualcuno   von jemandem profitieren
- di qualcosa   von etwas profitieren

---

approfittarsi

- di qualcuno   jemanden ausnutzen
- di qualcosa   etwas ausnutzen

---

approfondire

- qualcosa   etwas vertiefen

---

appropriarsi

- di qualcosa   sich etwas aneignen

---

approsimarsi

- a qualcuno   sich jemandem nähern
- a qualcosa   sich etwas nähern

---

approvare

- qualcosa   etwas gutheißen, billigen

---

appuntare

- qualcosa   etwas notieren

appuntare l'indice a qualcosa – mit dem Finger auf etwas zeigen
appuntare lo sguardo su qualcuno – jemanden fixieren

aprire

- qualcosa   etwas öffnen

aprire gli occhi – die Augen öffnen
aprire le orecchie – gut zuhören
non aprire bocca – den Mund nicht aufmachen
aprire il cuore a qualcuno – jemandem sein Herz ausschütten

---

archivare

- qualcosa   etwas archivieren, ablegen

---

ardere   verbrennen, glühen

ardere d'amore – in Liebe entbrannt sein
ardere dal desiderio di fare qualcosa – den brennenden Wunsch haben, etwas zu tun

---

arginare

- qualcosa   einer Sache Einhalt gebieten

---

arguire

- qualcosa da qualcosa   etwas aus etwas schließen

---

armeggiare

- intorno a qualcosa   sich an etwas zu schaffen machen

---

arrabbiarsi

- con qualcuno   wütend werden

far arrabbiare qualcuno – jemanden ärgern

---

arrampicarsi

- su   klettern auf

---

arrangiare

- qualcosa   etwas arrangieren, bewerkstelligen

© Forza! Verben und ihre Präpositionen

arrendersi

- a qualcuno — sich ergeben

arrestare

- qualcuno — jemanden verhaften

arricchirsi — sich bereichern

arricchirsi alle spalle di qualcuno – sich an jemandem bereichern

arrischiarsi

- a fare qualcosa — wagen, etwas zu tun

arrivare

- a qualcosa — zu etwas kommen
- a... — sich auf... belaufen

arrivare primo – Erster sein

arrogarsi

- qualcosa — sich etwas anmaßen

arrostire

- qualcosa — etwas braten

arrovellarsi

- per qualcosa — sich wegen etwas ärgern

arrovellarsi il cervello – sich den Kopf zerbrechen

arruffianarsi

- con qualcuno — sich bei jemandem lieb Kind machen

ascoltare

- qualcuno — jemandem zuhören
- qualcosa — etwas anhören

aspettare

- qualcuno auf jemanden warten

farsi aspettare – auf sich warten lassen

---

aspirare

- a qualcosa nach etwas streben

---

assaggiare

- qualcosa etwas probieren, kosten

assaggiare il bastone – Schläge bekommen
assaggiare il terreno – die Lage peilen

---

assalire

- qualcuno jemanden angreifen

assalire qualcuno alle spalle – jemanden von hinten anfallen

---

assassinare

- qualcuno jemanden ermorden

---

assecondare

- qualcosa einer Sache nachkommen

---

assentarsi

- da un luogo sich von einem Ort entfernen

---

assicurare

- qualcosa etwas versichern
- contro qualcosa gegen etwas versichern

---

assicurarsi

- contro qualcosa sich gegen etwas versichern

assieparsi

- intorno a qualcuno jemanden umzingeln

assistere

- a qualcosa an etwas teilnehmen

associarsi

- a qualcosa bei etwas Mitglied werden, an etwas teilhaben

assolvere

- qualcuno jemandem die Absolution erteilen
- qualcuno da qualcosa jemanden von etwas entbinden

assomigliare

- a qualcuno jemandem ähneln

assommare

- a sich belaufen auf

assuefare

- qualcosa a qualcosa etwas an etwas gewöhnen

assuefarsi

- a qualcosa sich an etwas gewöhnen

assumere

- qualcosa etwas annehmen

astenersi

- da qualcosa sich einer Sache enthalten

astrarre

- da qualcosa absehen von etwas

attaccare

- qualcosa					etwas befestigen
- qualcosa a qualcuno		jemandem mit etwas anstecken

attaccarsi

- a qualcuno				sich an jemanden klammern
- a qualcosa				sich an etwas klammern
- a qualcuno				jemanden lieb gewinnen

attaccarsi alla bottiglia – an der Flasche hängen

attagliarsi

- a						zugeschnitten sein auf

attegiare

- qualcosa					einer Sache Ausdruck geben

attendere

- qualcosa					etwas erwarten
- a qualcosa				sich um etwas kümmern

attenersi

- a qualcosa				sich an etwas halten

attenuare

- qualcosa					etwas abschwächen

atterrire

- qualcuno					jemandem Angst einjagen

attestare

- qualcosa					etwas bezeugen, bescheinigen

attorniarsi

- di qualcuno jemandem um sich scharren
- di qualcosa sich mit etwas umgeben

---

attraversare

- qualcosa etwas überqueren

---

attrezzare

- qualcosa di qualcosa etwas mit etwas ausstatten

---

attribuire

- qualcosa a qualcuno jemandem etwas zuerkennen, zuschreiben

attribuire importanza a qualcuno – einer Sache Bedeutung beimessen

---

attualizzare

- qualcosa etwas aktualisieren

---

attuare

- qualcosa etwas verwirklichen

---

attutire

- qualcosa etwas abschwächen

---

augurare

- qualcosa a qualcuno jemandem etwas wünschen

augurare buon viaggio – eine gute Reise wünschen

---

aumentare

- qualcosa etwas vermehren, erhöhen

---

autorizzare

- qualcuno a fare qualcosa jemanden ermächtigen, etwas zu tun

avanzare

- qualcuno in qualcosa   jemanden in etwas übertreffen
- qualcosa da qualcuno   etwas bei jemandem guthaben

avere   haben

avere da lavorare – zu arbeiten haben
avere vent'anni – zwanzig Jahre alt sein
avere un bambino – ein Kind bekommen
avere a che dire con qualcuno – mit jemandem streiten
avercela con qualcuno – auf jemanden böse sein
avere molto di qualcuno – viel von jemandem haben

avvalersi

- di qualcosa   von etwas Gebrauch machen

avvantaggiarsi

- su qualcuno   jemandem voraus sein

avvedersi

- di qualcosa   etwas bemerken

avvelenare

- qualcuno   jemanden vergiften

avventarsi

- su qualcuno   sich auf jemanden stürzen
- su qualcosa   sich auf etwas stürzen

avversare

- qualcosa   etwas anfechten, bekämpfen

avvertire

- qualcuno di qualcosa   jemanden auf etwas aufmerksam machen

avvezzare

- a qualcosa   an etwas gewöhnen

avvezzarsi

- a qualcosa   sich an etwas gewöhnen

avviare

- qualcuno a qualcosa   jemanden zu etwas anleiten

avviarsi

- a fare qualcosa   im Begriff sein, etwas zu tun

avviciniare

- qualcosa a qualcuno   etwas an jemanden heranrücken
- qualcosa a qualcosa   etwas an etwas heranrücken

avvicinarsi

- a qualcuno   sich jemandem nähern
- a qualcosa   sich etwas nähern

avvilire

- qualcuno   jemanden erniedrigen

avvinghiarsi

- a qualcuno   sich an jemanden klammern
- a qualcosa   sich an etwas klammern

avvisare

- qualcuno   jemanden benachrichtigen

avviticchiarsi

- a qualcosa   sich um etwas ranken

avvolgere

- qualcuno   jemanden umwickeln
- qualcosa   etwas umwicklen
- qualcosa attorno a qualcuno   etwas um jemanden wickeln
- qualcosa attorno a qualcosa   etwas um etwas wickeln

azzittire

- qualcuno   jemanden zum Schweigen bringen

B

baciare

- qualcuno   jemanden küssen

badare

- a qualcuno   auf jemanden aufpassen
- a qualcosa   auf etwas aufpassen

badare alla casa – das Haus hüten
non badare a spese – keine Kosten scheuen
badare solo a divertirsi – nur ans Vergnügen denken

ballare   tanzen

ballare dalla gioia – vor Freude tanzen

balzare   springen, hüpfen

balzare in piedi – aufspringen
balzare agli occhi – in die Augen springen

bandire

- qualcuno   jemanden verbannen

barattare

- qualcosa con qualcosa   etwas gegen etwas eintauschen

basare

- qualcosa   etwas auf etwas gründen

basarsi

- su qualcosa   sich auf etwas stützen, auf etwas basieren

bastare — genügen, ausreichen

basta che + Conj. – wenn nur...
basta con... – Schluss mit
bastare a sé stesso – sich selbst genügen

---

battere

- qualcuno — jemanden schlagen
- alla porta — an die Tür klopfen

battere i piedi – mit den Füßen stampfen
battere le ali – mit den Flügeln schlagen
battere le mani – in die Hände klatschen
battere i denti dal freddo – vor Kälte mit den Zähnen klappern
non battere ciglio – ohne mit der Wimper zu zucken
in un batter d'occhio – in null Komma nichts
battere sempre sullo stesso tasto – darauf herumhacken

---

battersi

- per qualcosa — um etwas kämpfen

battersi il petto – sich an die Brust schlagen
battersela – sich verdrücken

---

bazzicare

- con qualcuno — mit jemandem verkehren

---

bearsi

- di qualcosa — an etwas Wohlgefallen finden

---

beccare

- qualcuno — jemanden schnappen

beccare qualcuno sul fatto – jemanden auf frischer Tat ertappen

beffare

- qualcuno   jemanden verspotten

---

beffarsi

- di qualcuno   sich über jemanden lustig machen
- di qualcosa   sich über etwas lustig machen

beffarsi della legge – die Gesetze missachten

---

benedire

- qualcuno   jemanden segnen

mandare qualcuno a farsi benedire – jemanden zum Teufel schicken

---

beneficare

- qualcuno   jemanden beschenken

---

beneficiare

- di qualcosa   in den Genuss einer Sache kommen, einen Vorteil aus etwas ziehen

---

bere

- qualcosa   etwas trinken

bere dalla bottiglia – aus der Flasche trinken

bere alla salute di qualcuno – auf jemandes Gesundheit trinken

bere le parole di qualcuno – an jemandes Lippen hängen

darla a bere a qualcuno – jemandem etwas weismachen

bere come una spugna – saufen wie ein Loch

bere per dimenticare – trinken, um zu vergessen

---

bersagliare

- qualcuno   jemanden verfolgen, plagen

bersagliare di domande – jemanden mit Fragen überhäufen

bestemmiare
- qualcuno   jemanden verfluchen

biasimare
- qualcuno   jemanden rügen

bilanciare
- qualcosa   etwas abwägen, abwiegen

bisbigliare
- qualcosa nell'orecchio a qualcuno   jemandem etwas ins Ohr flüstern

bisognare   benötigen, brauchen, müssen
bisogna che + Conj. – man muss, man braucht
bisogna + Inf. – man muss, man braucht

bistrattare
- qualcuno   jemanden misshandeln

bloccare
- qualcosa   etwas blockieren

boicottare
- qualcosa   etwas boykottieren

bollire   kochen
bollire di rabbia – vor Wut kochen

bombardare
- qualcuno   jemanden bombardieren
bombardare qualcuno di domande – jemanden mit Fragen bombardieren

borseggiare

- qualcuno   jemanden bestehlen

brancolare

- nel buio   im Dunkeln tappen

brillare

- per qualcosa   sich durch etwas auszeichnen

brindare

- a qualcuno   auf jemanden anstoßen
- a qualcosa   auf etwas anstoßen

burlarsi

- di qualcuno   über jemanden spotten
- di qualcosa   über etwas spotten

bussare   klopfen

bussare alla porta – an die Tür klopfen

buttare

- qualcosa a qualcuno   jemandem etwas zuwerfen
- giù   hinunterwerfen
- via   wegwerfen

buttare sangue – bluten
buttare via – vergeuden
buttare giù qualcuno – jemanden entmutigen

C

cacciare

- qualcuno   jemanden jagen, verjagen
- qualcosa   etwas herausholen

cacciare fuori la lingua – die Zunge herausstrecken

cacciare fuori i soldi – das Geld herausrücken

cacciarsi nella folla – sich unters Volk mischen

cacciarsi in un mare di guai – bis zum Hals in Schwierigkeiten stecken

---

cadere   fallen

cadere lungo e disteso – der Länge nach hinfallen

cadere morto – tot umfallen

cadere dalla stanchezza – vor Müdigkeit umfallen

cadere in disgrazia – in Ungnade fallen

cadere dalle nuvole – aus allen Wolken fallen

cadere ammalato – krank werden

cadere in oblio – in Vergessenheit geraten

---

cagionare

- qualcosa   etwas verursachen

---

calare

- qualcosa   etwas auswerfen; einholen

calare di tono – leiser werden

---

calcolare

- qualcosa   etwas berechnen

caldeggiare

- qualcosa						etwas befürworten

---

calmare

- qualcuno						jemanden beruhigen
- qualcosa						etwas lindern

---

calmierare

- qualcosa						den Höchstpreis einer Sache amtlich festlegen

---

calzare

- qualcosa						etwas anziehen

---

cambiare

- qualcosa						etwas wechseln, auswechseln
- qualcosa con qualcosa			etwas gegen etwas tauschen

cambiare casa – umziehen

cambiare idea – seine Meinung ändern

cambiare treno – umsteigen

cambiare vestito – sich umziehen

---

camminare					laufen, fahren

camminare a quattro zampe – auf allen vieren gehen

camminare sulle uova – wie auf Eiern gehen

---

campare

- di qualcosa					von etwas leben

campare di aria – nur von Luft leben

campare alla giornata – von der Hand in den Mund leben

tirare a campare – sich durchschlagen

camuffare
- qualcuno da qualcosa   jemanden als etwas verkleiden

---

camuffarsi
- da qualcosa   sich als etwas verkleiden

---

cancellare
- qualcosa   etwas löschen, absagen

---

cannare
- qualcosa   etwas verpatzen

---

canonizzare
- qualcuno   jemanden heiligsprechen

---

cantare
- qualcosa   etwas singen

cantare le lodi di qualcuno – ein Loblied auf jemanden singen

cantare vittoria – frohlocken

canta che ti passa – nimm's nicht so schwer

cantarla chiara – kein Blatt vor den Mund nehmen

cantarne quattro a qualcuno – jemandem deutlich die Meinung sagen

---

canzonare
- qualcuno   jemanden verspotten

---

capire
- qualcosa   etwas begreifen, verstehen

far capire qualcosa a qualcuno – jemandem etwas zu verstehen geben

capire fischi per fiaschi – etwas falsch verstehen

farsi capire – sich verständlich machen

capire al volo – sofort verstehen

capitare passieren, vorkommen

capitare male/bene – ungelegen/gelegen kommen

capitare nelle mani di qualcuno – jemandem in die Hände fallen

capita a tutti – das passiert jedem einmal

---

capovolgere

- qualcosa etwas auf den Kopf stellen, umdrehen

---

carcerare

- qualcuno jemanden inhaftieren

---

carezzare

- qualcuno jemanden streicheln

carezzare un'idea – mit einem Gedanken spielen

---

caricare

- qualcosa etwas beladen
- di qualcosa mit etwas belasten
- qualcuno di qualcosa jemandem etwas aufbürden

caricare la dose – das Maß steigern

---

caricarsi

- di qualcosa sich mit etwas belasten

caricarsi per una gara – sich für einen Wettkampf fit machen

---

carpire

- qualcosa a qualcuno jemandem etwas entreißen

---

cascare fallen

cascare bene – an den Richtigen geraten

far cascare qualcosa dall'alto a qualcuno – sich zu etwas herablassen

cascarci – darauf hereinfallen

castigare
- qualcuno   jemanden bestrafen
- qualcosa   etwas verbessern, korrigieren

---

causare
- qualcosa   etwas verursachen

---

cautelarsi
- contro qualcosa   sich gegen etwas absichern
- da qualcosa   sich gegen etwas absichern
- da qualcosa   sich vor etwas schützen

---

cavare
- qualcosa   etwas ziehen, herausholen

cavarsi gli occhi – sich die Augen verderben

non saper cavare un ragno dal buco – nichts erreichen

cavarsi la fame – den Hugner stillen

cavarsi la voglia di fare qualcosa – das Bedürfnis befriedigen, etwas zu tun

cavarsela – davonkommen

---

cazzottarsi
- con qualcuno   sich mit jemandem schlagen

---

cedere
- a qualcosa   vor etwas zurückweichen

cedere il passo a qualcuno – jemandem den Vortritt lassen

cedere alle preghiere di qualcuno – jemandes Bitten nachgeben

cedere le armi – sich ergeben

---

celare
- qualcosa   etwas verheimlichen

celarsi

- a qualcuno → sich vor jemandem verbergen

celebrare

- qualcosa → etwas zelebrieren

censurare

- qualcosa → etwas zensieren

centrare

- qualcosa → etwas erfassen

centuplicare

- qualcosa → etwas verhundertfachen

cercare

- qualcosa → etwas suchen

cercasi ... – ... gesucht

cercare guai – Streit suchen

cercare il proprio utile – auf den eigenen Vorteil aus sein

certificare

- qualcosa → etwas bescheinigen, bestätigen

cessare

- di fare qualcosa → aufhören, etwas zu tun

chiamare

- qualcuno → jemanden rufen, anrufen
- qualcosa → etwas benennen

mandare a chiamare qualcuno – jemanden rufen lassen

chiamare aiuto – um Hilfe rufen

chiamare in causa – in etwas hineinziehen

chiamare le cose col loro nome – die Dinge beim Namen nennen

chiarificare
- qualcosa   etwas klarstellen

chiarire
- qualcosa   etwas klären, klarstellen, erläutern

chiarirsi
- di qualcosa   sich über etwas Klarheit verschaffen

chiedere
- qualcosa a qualcuno   jemanden etwas fragen

chiedere il prezzo di qualcosa – nach dem Preis von etwas fragen

chiedere notizie di qualcuno – sich nach jemandem erkundigen

chiedere un favore a qualcuno – jemanden um einen Gefallen bitten

chiudere
- qualcosa   etwas schließen

chiudere sotto chiave – unter Verschluss nehmen

chiudere la bocca – den Mund halten

chiudere le scuole – den Unterricht beenden

chiudere in perdito – mit Verlust abschließen

chiudersi in se stesso – sich in sich selbst zurückziehen

cibare
- qualcuno   jemanden ernähren, füttern

cibarsi
- di qualcosa   sich von etwas ernähren

© Forza! Verben und ihre Präpositionen

cimentare

- qualcosa   etwas aufs Spiel setzen

cimentarsi

- in qualcosa   etwas wagen
- con qualcuno   sich mit jemandem messen

cingere

- qualcosa   etwas umschließen

circoscrivere

- qualcosa   etwas umschreiben

citare

- qualcosa   etwas erwähnen

citare ad esempio – als Beispiel anführen

classificare

- qualcosa   etwas einordnen

classificarsi bene – gut abschneiden

cliccare

- su qualcosa   auf etwas klicken

coccolare

- qualcuno   jemanden verhätscheln

codificare

- qualcosa   etwas verschlüsseln

cogliere

- qualcosa   etwas pflücken, ernten

coinvolgere
- qualcuno in qualcosa — jemanden in etwas hineinziehen

collaborare
- con qualcuno — mit jemandem zusammenarbeiten

collegare
- qualcosa — etwas verbinden

collegarsi
- con qualcuno — sich mit jemandem in Verbindung setzen

collezionare
- qualcosa — etwas sammeln

colloquiare
- con qualcuno — sich mit jemandem unterhalten

colmare
- di qualcosa — mit etwas füllen

colmare qualcuno di regali – jemanden mit Geschenken überschütten

colorare
- qualcosa — etwas bemalen

colpevolizzare
- qualcuno — in jemandem Schuldgefühle hervorrufen

colpire
- qualcuno — jemanden treffen

colpire qualcuno con un pugno – jemandem einen Faustschlag versetzen
colpire nel segno – ins Schwarze treffen

coltivare

- qualcosa   etwas anbauen

comandare

- a qualcuno di fare qualcosa   jemandem befehlen, etwas zu tun

combattere

- contro qualcuno   gegen jemanden kämpfen
- contro qualcosa   sich gegen etwas einsetzen
- per qualcosa   sich für etwas einsetzen

combinare

- qualcosa   etwas zusammenstellen

combinare un guaio – etwas anstellen

combinarsi

- su qualcosa   sich über etwas einigen

cominciare

- a fare qualcosa   beginnen, etwas zu tun

a cominciare da oggi – ab heute

commentare

- qualcosa   etwas kommentieren

commerciare

- in qualcosa   mit etwas handeln

commettere

- qualcosa   etwas begehen

commissionare

- qualcosa   etwas bestellen

commisurare
- qualcosa a qualcosa   etwas nach etwas bemessen

commutare
- qualcosa   etwas austauschen

comparare
- qualcosa   etwas vergleichen

compartecipare
- a qualcosa   sich an etwas beteiligen

compensare
- qualcosa   etwas ausgleichen
- qualcuno in qualcosa   jemanden mit etwas bezahlen
- qualcuno di qualcosa   jemanden für etwas entschädigen

competere
- con qualcuno   mit jemandem konkurrieren

qualcosa compete a qualcuno – etwas steht jemandem zu

compiacersi
- di qualcosa   sich über etwas freuen
- per qualcosa   sich über etwas freuen

compiere
- qualcosa   etwas vollenden, beenden

compiere gli anni – Geburtstag haben

compilare
- qualcosa   etwas zusammenstellen

compitare

- qualcosa   etwas buchstabieren

D

dannare
- qualcuno   jemanden verfluchen

far dannare qualcuno – jemanden zur Verzweiflung treiben

dannarsi l'anima per qualcosa – sich wegen etwas aufzehren

---

danneggiare
- qualcuno   jemandem schaden
- qualcosa   etwas schaden

---

dare
- qualcosa a qualcuno   jemandem etwas geben

dare una notizia – Nachricht geben

dare peso a qualcosa – Wert auf etwas legen

dare del Lei/tu a qualcuno – jemanden siezen/duzen

dare il buongiorno a qualcuno – jemandem einen guten Tag wünschen

dare alla testa – zu Kopf steigen

dare nell'occhio – ins Auge springen

---

darsi
- a qualcosa   sich etwas widmen
- per   sich ausgeben für

non darsi pace – keine Ruhe finden

può darsi che + Conj. – es kann sein, dass…

darsela a gambe – die Beine in die Hand nehmen

---

datare   datieren

a datare da domani – ab morgen

decampare

- da qualcosa … auf etwas verzichten

decidere

- di fare qualcosa … entscheiden, etwas zu tun

decidersi

- a fare qualcosa … sich entschließen, etwas zu tun
- di fare qualcosa … beschließen, etwas zu tun

decifrare

- qualcosa … etwas entschlüsseln

decontaminare

- qualcosa … etwas dekontaminieren, entgiften

decorare

- qualcosa … etwas schmücken, verzieren

decorrere … vergehen, verstreichen

a decorrere da domani – von morgen an

dedicare

- qualcosa a qualcuno … jemandem etwas widmen

dedicarsi

- a qualcosa … sich etwas widmen

dedurre

- da qualcosa … aus etwas schließen

deferire

- qualcuno   jemanden anzeigen

definire
- qualcosa   etwas bestimmen

defraudare
- qualcuno di qualcosa   jemanden um etwas betrügen

degenerare
- in qualcosa   in etwas ausarten

degnare
- qualcuno   jemanden würdigen

degustare
- qualcosa   etwas probieren

deificare
- qualcuno   jemanden vergöttern

delegare
- qualcosa a qualcuno   jemanden mit etwas beauftragen

deliberare
- su qualcosa   über etwas beraten

delimitare
- qualcosa   etwas abgrenzen, definieren

delineare
- qualcosa   etwas skizzieren

deliziarsi
- di qualcosa   sich an etwas erfreuen

delucidare

- qualcosa   etwas erklären, verständlich machen

deludere

- qualcuno   jemanden enttäuschen

demandare

- qualcosa a qualcuno   jemandem etwas anvertrauen

demeritare

- qualcosa   etwas nicht verdienen
- di qualcosa   sich einer Sache unwürdig erweisen

demolire

- qualcosa   etwas zerstören

demoralizzare

- qualcuno   jemanden entmudigen

demotivare

- qualcuno   jemanden demotivieren

denicotinizzare

- qualcosa   einer Sache Nikotin entziehen

denigrare

- qualcuno   jemanden diffamieren

denunciare

- qualcuno   jemanden anzeigen

depositare

- qualcosa   etwas abstellen, ablegen, deponieren

depredare
- qualcuno di qualcosa   jemanden einer Sache berauben

deprezzare
- qualcosa   den Preis einer Sache senken

deputare
- qualcuno a fare qualcosa   jemanden beauftragen, etwas zu tun

deridere
- qualcuno per qualcosa   jemanden wegen etwas auslachen

derivare
- da   herkommen von

derogare
- a qualcosa   etwas derogieren

derubare
- qualcuno   jemanden berauben

descrivere
- qualcosa   etwas beschreiben

desiderare
- qualcosa   etwas wünschen

desiderare di rivedere qualcuno – sich wünschen jemanden wiederzusehen
lasciare a desiderare – zu wünschen übrig lassen

desistere
- da qualcosa   etwas zurücknehmen

destinare

- qualcosa a qualcuno etwas für jemanden bestimmen

destituire

- qualcuno da qualcosa jemanden von etwas absetzen

destreggiarsi

- con qualcuno mit jemandem zurechtkommen
- con qualcosa mit etwas zurechtkommen
- in qualcosa sich in etwas zurechtfinden

destrutturare

- qualcosa die Struktur von etwas auflösen

desumere

- qualcosa da qualcosa etwas aus etwas folgern

detenere

- qualcosa etwas besitzen

determinare

- qualcosa etwas bestimmen, festlegen

detestare

- qualcosa etwas hassen

detrarre

- qualcosa da etwas von etwas abziehen

devastare

- qualcosa etwas verwüsten

dibattere
- su qualcosa   über etwas diskutieren

dichiarare
- qualcosa   etwas kundtun, mitteilen

dichiarare marito e moglie – zu Mann und Frau erklären
dichiarare la guerra – den Krieg erklären
dichiarare qualcuno in arresto – jemanden für verhaftet erklären
dichiarare colpevole qualcuno – jemanden für schuldig erklären

difendere
- qualcuno   jemanden verteidigen
- qualcosa   etwas vertreten

difendersi
- da qualcuno   sich gegen jemanden verteidigen
- da qualcosa   sich gegen etwas verteidigen

difettare
- di qualcosa   an etwas mangeln

diffamare
- qualcuno   jemanden verleumden

differenziarsi
- da qualcuno   sich von jemandem unterscheiden
- da qualcosa   sich von etwas unterscheiden

differire
- qualcosa   etwas aufschieben

- da qualcuno sich von jemandem unterscheiden
- da qualcosa sich von etwas unterscheiden

differire qualcosa al prossimo anno – etwas auf nächstes Jahr verschieben

---

diffidare

- di qualcuno jemandem misstrauen

qualcuno dal fare qualcosa – jemanden warnen, etwas zu tun

---

diffondere

- qualcosa etwas verbreiten

---

digrossare

- in einführen in

---

dilettarsi

- di qualcosa etwas zu seinem Vergnügen tun

---

dilungarsi

- in qualcosa sich in etwas ergehen

---

dimenare

- qualcosa etwas schütteln

dimenare la coda – mit dem Schwanz wedeln

---

dimenticare

- qualcosa etwas vergessen

---

diminuire

- qualcosa etwas verringern
- di qualcosa an etwas abnehmen

diminuire di prezzo – billiger werden

---

dimostrare

- qualcosa   etwas zeigen

dipendere
- da qualcuno   von jemandem abhängen
- da qualcosa   von etwas abhängen

dipingere
- su qualcosa   auf etwas malen

dipingere ad olio – in Öl malen

diramare
- qualcosa   etwas in Umlauf bringen

dire
- qualcosa a qualcuno   etwas zu jemandem sagen

dire la sua – seine Meinung sagen
dire bugie – lügen
dir male di qualcuno – jemandem Übles nachsagen
lasciar dire – sprechen lassen
a dire il vero – um die Wahrheit zu sagen
come si dice in italiano? – wie heißt das auf Italienisch?
dire di sì/no – ja/nein sagen
voler dire – bedeuten
che ne dici di…? – was sagst du zu…?
è presto detto – das ist leicht gesagt
è facile a dirsi – das ist leichter gesagt als getan

dirigere
- qualcosa verso qualcuno   etwas auf jemanden richten

dirigersi

- verso qualcuno   auf jemanden zugehen
- verso…   in Richtung… fahren/gehen

disabituare
- qualcuno a qualcosa   jemandem etwas abgewöhnen

disabituarsi
- a qualcosa   sich etwas abgewöhnen

disaffezionare
- da qualcosa   von etwas entfremden

disaffezionarsi
- da qualcuno   das Interesse an jemandem verlieren
- da qualcosa   das Interesse an etwas verlieren

disamorare
- qualcuno da qualcosa   jemandem an etwas die Freude verderben

disamorarsi
- da qualcuno   das Interesse an jemandem verlieren
- da qualcosa   das Interesse an etwas verlieren

disapprovare
- qualcosa   etwas mißbilligen, ablehnen

disarmare
- qualcuno   jemanden entwaffnen

disavvezzare
- qualcuno a qualcosa   jemandem etwas abgewöhnen

discendere

- da qualcuno von jemandem abstammen
- da qualcosa von etwas abstammen

discordare
- da qualcuno su qualcosa mit jemandem in etwas nicht übereinstimmen

discorrere
- di qualcosa sich über etwas unterhalten

discostarsi
- da qualcuno sich von jemandem entfernen
- da qualcosa sich von etwas entfernen

discreditare
- qualcuno jemanden in Verruf bringen

discutere
- di qualcosa über etwas diskutieren, streiten
- su qualcosa über etwas diskutieren

disdegnare
- qualcosa etwas verschmähen

disdire
- qualcosa etwas widerrufen, rückgängig machen

disegnare
- qualcosa etwas zeichnen, beschreiben, planen

disfare
- qualcosa etwas auflösen, zerstören

disgustarsi

- di qualcosa — von etwas angeekelt sein

disilludere

- qualcuno — jemanden enttäuschen

disimparare

- qualcosa — etwas verlernen

disinfettare

- qualcosa — etwas desinfizieren

disinfettare una ferita – eine Wunde desinfizieren

disinteressare

- qualcuno a qualcosa — jemandem das Interesse an etwas nehmen

disinteressarsi

- di qualcuno — das Interesse an jemandem verlieren
- di qualcosa — das Interesse an etwas verlieren

disobbligare

- qualcuno da qualcosa — jemanden von etwas entbinden

disobbligarsi

- con qualcuno per qualcosa — sich bei jemandem für etwas revanchieren

disonorare

- qualcuno — jemanden entehren

disordinare

- qualcosa — etwas durcheinanderbringen

dispensare

- qualcuno da — jemanden von etwas befreien, freistellen

- qualcuno jemanden suspendieren

disperare
- di qualcosa an etwas verzweifeln

far disperare qualcuno – jemanden zur Verzweiflung bringen

disperarsi
- per qualcosa an etwas verzweifeln

disperdersi
- in qualcosa sich in etwas verlieren

dispiacere
- a qualcuno jemandem missfallen

mi dispiace – es tut mir leid

se non ti dispiace – wenn du nichts dagegen hast

disporre
- qualcosa etwas anordnen, aufstellen
- di qualcosa über etwas verfügen

disporsi
- a qualcosa sich auf etwas vorbereiten

disprezzare
- qualcuno jemanden verachten
- qualcosa etwas verachten

disputarsi
- qualcosa um etwas kämpfen

disquisire
- su qualcosa über etwas debattieren

dissacrare

- qualcosa — etwas entweihen

dissanguarsi

- per qualcosa — sich aufopfern, an etwas verbluten

dissentire

- da qualcuno su qualcosa — mit jemandem in etwas nicht übereinstimmen

dissertare

- su qualcosa — etwas abhandeln
- di qualcosa — etwas abhandeln

dissetare

- qualcuno — jemandes Durst löschen

dissimulare

- qualcosa — etwas verheimlichen, verbergen

dissomigliare

- da qualcuno — jemandem unähnlich sein

dissuadere

- qualcuno da qualcosa — jemanden von etwas abbringen

distendere

- qualcosa — etwas ausstrecken
- qualcosa su qualcosa — etwas auf etwas streichen

distinguere

- qualcosa — etwas auseinanderhalten, unterscheiden

distinguersi
- da qualcuno per qualcosa   sich von jemandem in etwas unterscheiden

distribuire
- qualcosa   etwas verteilen, austeilen

distruggere
- qualcosa   etwas zerstören, vernichten

disturbare
- qualcuno   jemanden stören, belästigen

disubbidire
- a qualcuno   jemandem nicht gehorchen

disubbidire a un ordine – einen Befehl nicht befolgen

divagare
- da qualcosa   von etwas ablenken

divenire
- qualcosa   etwas werden

diventare
- qualcosa   etwas werden

diventare vecchio – alt werden

divertirsi
- con qualcuno   sich mit jemandem vergnügen
- con qualcosa   sich mit etwas vergnügen
- a fare qualcosa   seinen Spaß an etwas haben

divertirsi alle spalle di qualcuno – sich über jemanden lustig machen

divezzarsi

- da qualcosa   sich etwas abgewöhnen

dividere

- qualcosa   etwas aufteilen

dividere in quattro – vierteln
dividere per due – durch zwei teilen

divorziare

- da qualcuno   sich von jemandem scheiden lassen

documentare

- qualcosa   etwas dokumentieren

dolersi

- con qualcuno di qualcosa   sich bei jemandem über etwas beklagen
- di qualcosa   etwas bedauern

domandare

- qualcosa a qualcuno   jemanden etwas fragen

domandare un favore a qualcuno – jemanden um einen Gefallen bitten
domandare il prezzo – nach dem Preis fragen
domandare la parola – um das Wort bitten
domandare scusa – um Entschuldigung bitten
domandare un consiglio a qualcuno – jemanden um Rat fragen

domare

- qualcuno   jemanden bändigen

dominare

- su qualcuno → jemandem überlegen sein

donare
- qualcosa a qualcuno → jemandem etwas spenden

dosare
- qualcosa → etwas dosieren

dotare
- qualcuno di qualcosa → jemandem etwas als Mitgift geben
- qualcosa di qualcosa → etwas mit etwas ausstatten

drappeggiarsi
- in qualcosa → sich in etwas hüllen

drizzare
- qualcuno verso qualcosa → jemanden auf etwas hinlenken

drogare
- qualcuno → jemandem Rauschgift geben

dubitare
- di qualcuno → an jemandem zweifeln
- di qualcosa → an etwas zweifeln
- di qualcosa → etwas bezweifeln

duellare
- con qualcuno → sich mit jemandem duellieren

E

eccedere

- in qualcosa   sich bei etwas übernehmen

eccellere

- in qualcosa   sich durch etwas auszeichnen
- su qualcuno   jemandem überlegen sein

edificare

- qualcosa   etwas aufbauen, gründen

edificare sulla sabbia – auf Sand bauen

educare

- qualcuno   jemanden erziehen
- qualcuno a qualcosa   jemanden an etwas gewöhnen

elaborare

- qualcosa   etwas ausarbeiten

eleggere

- qualcuno   jemanden wählen

elencare

- qualcosa   etwas aufzählen

elevare

- qualcosa   etwas aufstocken

elevare un numero al quadrato – eine Zahl quadrieren

eliminare
- qualcosa   etwas beseitigen, entfernen

elogiare
- qualcuno   jemanden loben

eludere
- qualcosa   einer Sache ausweichen

emendare
- qualcosa   etwas verbessern, berichtigen

empire
- qualcosa di qualcosa   etwas mit etwas füllen

empirsi di dolci – sich mit Süßigkeiten vollstopfen

entrare   hineingehen

entrare in casa – ins Haus gehen

entrare dalla porta/finestra – zur Tür/zum Fenster hereinkommen

fare entrare qualcuno – jemanden hereinlassen

entrare in convento – ins Kloster gehen

entrare in contatto con qualcuno – mit jemandem Verbindung aufnehmen

entrare in carica – ein Amt antreten

entusiasmarsi
- per qualcosa   sich für etwas begeistern

esagerare
- in qualcosa   mit etwas übertreiben

esentare
- qualcuno da qualcosa   jemanden von etwas befreien

esentarsi
- da qualcosa   sich einer Sache entziehen

esercitarsi
- in qualcosa   sich in etwas üben

esibire
- qualcosa   etwas zeigen, zur Schau stellen

esiliarsi
- da   sich zurückziehen von

esortare
- qualcuno a fare qualcosa   jemanden zu etwas ermahnen

esprimere
- qualcosa   etwas ausdrücken

estendere
- qualcosa   etwas vergrößern

estinguere
- qualcosa   etwas löschen

estorcere
- qualcosa a qualcuno   jemandem etwas abpressen

estorcere un favore a qualcuno – jemandem einen Gefallen abnötigen

estraniare
- qualcuno da qualcuno   jemanden jemandem entfremden

estraniarsi

- da qualcuno   sich jemandem entfremden

estraniarsi dalla realtà – vor der Realität flüchten

---

esulare

- da   hinausgehen über

---

esultare

- per qualcosa   über etwas hocherfreut sein

---

evadere

- da   ausbrechen aus

---

evitare

- qualcosa   etwas vermeiden

---

evolvere

- qualcosa   etwas entwickeln

F

fabbricare

- qualcosa etwas herstellen

facilitare

- qualcosa etwas erleichtern
- qualcuno jemandem helfen

fare

- qualcosa etwas machen

non fa niente – das macht nichts

fare la segretaria – Sekretärin sein (fare + bestimmter Artikel + Beruf)

fare vedere – zeigen

fare sapere qualcosa a qualcuno – jemanden etwas wissen lassen

fare tardi – zu spät kommen

fare a meno di qualcosa – ohne etwas auskommen

farcela – es schaffen

far da sé – selbst machen

1 più 2 fa 3 – 1 plus 2 macht 3

fa bello – es ist schön

fa freddo – es ist kalt

faccia pure! – bitte sehr!

farsi

- avanti sich melden, vortreten
- da parte zur Seite treten

farsi notare – sich bemerkbar machen

farsi pregare – sich bitten lassen

farsi in quattro – sich zerreißen, sich vierteilen

farsela addosso – sich in die Hosen machen

favoreggiare
- qualcuno   jemanden bevorzugen
- qualcosa   etwas bevorzugen

felicitarsi
- di qualcosa   sich über etwas freuen
- con qualcuno per qualcosa   jemanden zu etwas beglückwünschen

ferire
- qualcuno   jemanden verletzen

festeggiare
- qualcosa   etwas feiern

fiancheggiare
- qualcuno   jemanden unterstützen

fidare
- in qualcosa   auf etwas vertrauen

fidarsi
- di qualcuno   jemandem vertrauen
- in qualcosa   auf etwas vertrauen

figurare
- qualcosa   etwas darstellen, symbolisieren

finalizzare
- qualcosa a qualcosa   mit etwas auf etwas abzielen

fingere

- qualcosa etwas vortäuschen
- di + Inf. so tun als ob

fingersi malato – sich krank stellen

---

finire

- di etwas beenden
- di fare qualcosa aufhören, etwas zu tun

finire di bere – austrinken
finire di parlare – ausreden
finire male – böse enden
finiamola! – Schluß damit!

---

firmare

- qualcosa etwas unterschreiben

---

fissare

- qualcosa etwas befestigen, fixieren, vereinbaren

---

fissarsi

- su qualcuno sich auf jemanden richten
- su qualcosa sich auf etwas richten
- su qualcosa sich auf etwas versteifen

---

folgorare

- qualcuno jemandem einen elektrischen Schlag verpassen

---

fondarsi

- su qualcosa sich auf etwas stützen

forare
- qualcosa — etwas durchlöchern

formare
- qualcosa — etwas bilden, formen

formicolare
- di — wimmeln von

formulare
- qualcosa — etwas formulieren

fornire
- qualcuno di qualcosa — jemanden mit etwas austatten
- qualcosa a qualcuno — jemanden mit etwas beliefern

fornirsi
- di qualcosa — sich mit etwas versorgen

fregarsene
- di qualcosa — auf etwas pfeifen

frequentare
- qualcosa — etwas besuchen

friggere
- qualcosa — etwas braten, frittieren

mandare qualcuno a farsi friggere — jemanden zum Teufel jagen

frodare
- qualcuno — jemanden betrügen

frodare il fisco — Steuern hinterziehen

fronteggiare

- qualcuno   jemandem widerstehen
- qualcosa   einer Sache gegenüber liegen

fronteggiare le difficoltà – die Schwierigkeiten bewältigen

fruire

- di qualcosa   etwas genießen

fuggire   flüchten
- via   fortlaufen, ausreißen

fungere

- da   fungieren als

fuoriuscire

- da   austreten aus

G

gabbare
- qualcuno   jemanden betrügen

gabellare
- per   ausgeben als

garantire
- qualcosa   etwas garantieren

gareggiare
- con qualcuno in qualcosa   mit jemandem um etwas wetteifern

generare
- qualcosa   etwas erzeugen

gettare
- via qualcosa   etwas wegwerfen

gettarsi a terra – sich auf den Boden werfen
gettarsi contro qualcuno – sich auf jemanden stürzen
gettarsi dalla finestra – sich aus dem Fenster stürzen
gettarsi in ginocchio – sich auf die Knie werfen

ghermire
- qualcosa a qualcuno   jemandem etwas entreißen

giacere   ruhen, liegen
- sul finaco   auf der Seite liegen
- bocconi   auf dem Bauch liegen

qui giace – hier ruht

gingillarsi

- con qualcosa   mit etwas herumspielen

giocare

- con qualcosa   mit etwas spielen
- a qualcosa   etwas spielen

giocare a palla – Ball spielen
giocare a carte – Karten spielen
giocare al lotto – Lotto spielen
giocare con la propria vita – sein Leben aufs Spiel setzen

gioire

- di qualcosa   über etwas jubeln

giovarsi

- di qualcuno   sich jemanden zu Nutze machen
- di qualcosa   sich etwas zu Nutze machen

gironzolare

- intorno a qualcuno   um jemanden herumschwänzeln
- intorno a qualcosa   um etwas herumschwänzeln

giudicare

- qualcuno   jemanden verurteilen

giurare

- qualcosa   etwas schwören
- su qualcosa   auf etwas schwören

giurare il falso – einen Meineid leisten

gloriarsi

- di qualcosa   sich einer Sache rühmen

---

godere

- di qualcosa   etwas genießen, sich über etwas freuen

godere di + Inf. – sich freuen, dass…

godere che + Conj. – sich freuen, dass…

godersi la vita – das Leben genießen

---

grandeggiare

- su qualcosa   über etwas hinausragen

---

gravare

- qualcosa di qualcosa   etwas mit etwas beladen
- qualcuno di qualcosa   jemanden mit etwas belasten
- su qualcuno   auf jemandem lasten
- su qualcosa   auf etwas lasten

---

gravitare

- intorno a   angezogen werden von

---

graziare

- qualcuno di qualcosa   jemandem etwas gewähren

---

gremirsi

- di   sich füllen mit

---

gridare

- a squarcia gola   aus vollem Halse schreien

gridare aiuto – um Hilfe rufen

grondare

- di qualcosa   von etwas triefen

---

guadagnare

- qualcosa   etwas verdienen, gewinnen

guadagnare per vivere – seinen Lebensunterhalt verdienen

---

guardare

- qualcosa   etwas anschauen
- a qualcuno   sich um jemanden kümmern
- su qualcosa   auf etwas gehen

guardare qualcuno di sbieco – jemanden schief anschauen
guardare qualcuno dall'alto in basso – jemanden von oben herab ansehen

---

guardarsi

- da qualcosa   sich vor etwas hüten

---

guarire

- qualcuno da qualcosa   jemanden von etwas heilen
- da qualcosa   von etwas geheilt werden

---

gustare

- qualcosa   etwas kosten, probieren

I

ideare
- qualcosa — etwas planen

identificare
- qualcuno — jemanden identifizieren

identificarsi
- con qualcuno — sich mit jemandem identifizieren
- con qualcosa — sich mit etwas identifizieren

idolatrare
- qualcuno — jemanden vergöttern

idratare
- qualcosa — einer Sache Feuchtigkeit zuführen

ignorare
- qualcuno — jemanden ignorieren
- qualcosa — etwas ignorieren

illudere
- qualcuno — jemandem falsche Hoffnungen machen

illuminare
- qualcuno su qualcosa — jemanden über etwas aufklären

illuminarsi di contentezza – vor Freude strahlen

illustrare
- qualcosa — etwas erläutern

imbarazzare

- qualcuno   jemanden in Verlegenheit bringen

---

imbarcarsi

- in qualcosa   sich auf etwas einlassen

---

imbattersi

- in qualcuno   auf jemanden stoßen
- in qualcosa   auf etwas stoßen

---

imbavagliare

- qualcuno   jemanden knebeln

---

imbeccare

- qualcuno   jemanden füttern

---

imbeversi

- di qualcosa   sich mit etwas vollsaugen

---

imboccare

- qualcuno   jemanden füttern

---

imbrogliare

- qualcosa   etwas durcheinanderbringen

imbrogliare le idee a qualcuno – jemanden verwirren

imbrogliare la matassa – Verwirrung stiften

---

imitare

- qualcuno   jemanden imitieren, nachahmen

---

immaginare

- qualcosa   sich etwas vorstellen

immedesimarsi

- in qualunco					sich in jemanden hineinversetzen

immedesimarsi nella situazione di qualcuno – sich in jemandes Lage hineinversetzen

---

immergersi

- in						eindringen in

immergersi nel sonno – in Schlaf sinken

---

immischiare

- qualcuno in qualcosa				jemanden in etwas hineinziehen

---

immischiarsi

- in qualcosa					sich in etwas einmischen

---

impadronirsi

- di qualcosa					sich einer Sache bemächtigen
- di qualcosa					sich etwas aneignen

---

impantanarsi

- in qualcosa					sich in etwas verwickeln lassen

---

imparare

- qualcosa					etwas lernen
- a fare qualcosa				lernen, etwas zu tun

imparare a leggere – lesen lernen

---

imparentarsi

- con qualcuno					sich mit jemandem verschwägern
- con qualcosa					in etwas einheiraten

---

impaurire

- qualcuno					jemandem Furcht einjagen

impedire

- qualcosa a qualcuno   jemanden an etwas hindern
- qualcosa a qualcuno   jemanden bei etwas behindern

---

impegnare

- a qualcosa   zu etwas verpflichten

---

impegnarsi

- a fare qualcosa   sich verpflichten, etwas zu tun

---

impegolarsi

- in qualcosa   sich auf etwas einlassen

impegolarsi nei guai – sich in Schwierigkeiten bringen

---

impensierire

- qualcuno   jemandem Sorgen machen

---

imperare

- su qualcuno   über jemanden herrschen
- su qualcosa   über etwas herrschen

---

impermalirsi

- con qualcuno di qualcosa   jemandem etwas übel nehmen

---

imperniare

- qualcosa su qualcosa   etwas auf etwas stützen

---

impicciarsi

- in qualcosa   sich in etwas einmischen

---

impiegare

- qualcosa   etwas anwenden, verwenden

impietosire
- qualcuno — jemandes Mitleid erregen

impigliarsi
- in qualcosa — sich in etwas verfangen

implicare
- qualcuno in qualcosa — jemanden in etwas verstricken

imporre
- qualcosa — etwas vorschreiben, aufzwingen

importare
- qualcosa — etwas importieren

importare
- in franchigia — zollfrei einführen

impossessarsi
- di qualcuno — jemanden in seine Gewalt bringen
- di qualcosa — von etwas Besitz ergreifen, sich etwas aneignen

imprecare
- contro qualcuno — fluchen auf jemanden
- contro qualcosa — fluchen auf etwas

impregnare
- qualcosa di qualcosa — etwas mit etwas tränken
- qualcosa di qualcosa — etwas mit etwas erfüllen

impressionare
- qualcuno — jemanden beeindrucken

impuntarsi

- a fare qualcosa   darauf beharren, etwas zu tun

imputerare

- qualcuno di qualcosa   jemanden für etwas verantwortlich machen
- qualcosa a qualcuno   jemandem für etwas die Schuld geben
- qualcuno di qualcosa   jemanden einer Sache beschuldigen

incalzare

- qualcuno   sich jemandem an die Fersen heften

incamminarsi

- verso qualcosa   auf etwas zusteuern

incanalarsi

- verso qualcosa   auf etwas zuströmen

incaparbirsi

- a fare qualcosa   sich etwas in den Kopf setzen

incaponirsi

- in qualcosa   sich etwas in den Kopf setzen

incappucciare

- qualcuno   jemandem eine Mütze aufsetzen

incappucciarsi di neve – schneebedeckt sein

incapricciarsi

- di qualcuno   sich in jemanden vernarren
- di qualcosa   sich in etwas vernarren

incardinare

- qualcosa su qualcosa   etwas auf etwas aufbauen

incaricare

- qualcuno di fare qualcosa   jemanden beauftragen etwas zu tun

incaricarsi

- di fare qualcosa   es übenehmen etwas zu tun

incendiare

- qualcosa   etwas anzünden

incentrarsi

- su qualcuno   sich um jemanden drehen
- su qualcosa   sich um etwas drehen

incespicare

- in qualcosa   über etwas stolpern

incespicare nel leggere – stockend lesen

inchinarsi

- davanti a qualcuno   sich vor jemandem verneigen
- davanti a qualcosa   sich vor etwas verneigen
- a qualcosa   sich einer Sache beugen

inchiodare

- qualcosa   etwas festnageln

inchiodare alla croce – ans Kreuz nageln
inchiodare la macchina – scharf bremsen

inciampare

- in qualcosa   über etwas stolpern
- in qualcuno   auf jemanden stoßen
- in qualcosa   auf etwas stoßen

incidere

- su qualcosa   sich auf etwas auswirken

incidere in legno – in Holz schnitzen

incidere in pietra – in Stein hauen

---

incitare

- qualcuno a fare qualcosa   jemanaden zu etwas anregen

---

inclinare

- a destra   sich nach rechts neigen
- a sinistra   sich nach links neigen
- a fare qualcosa   geneigt sein, etwas zu tun

---

includere

- qualcosa   etwas einfügen

---

incocciare

- in   stoßen auf

incocciare male/bene – es schlecht/gut treffen

---

incollarsi

- a qualcosa   an etwas festkleben
- a qualcuno   sich an jemanden klammern

---

incopare

- qualcuno di qualcosa   jemanden einer Sache beschuldigen

---

imcombere

- a qualcuno   jemandem obliegen

---

imcominciare

- a fare qualcosa   beginnen etwas zu tun

incomodare

- qualcuno   jemandem Umstände bereiten

non s'incomodi! – machen Sie sich keine Umstände!

incontrare

- qualcuno   jemanden treffen, jemandem begegnen
- qualcosa   einer Sache gegenüberstehen

incontrarsi

- con qualcuno   sich mit jemandem treffen

incoraggiare

- qualcuno di qualcosa   jemanden zu etwas ermutigen

incornare

- qualcuno   jemandem Hörner aufsetzen

incriminare

- qualcuno   jemanden beschuldigen

incrociare

- qualcuno   jemandem begegnen
- qualcosa   etwas begegnen

incrociare le braccia – die Arbeit niederlegen, streiken

incutere

- qualcosa a qualcuno   jemandem etwas einflößen

incutere timore a qualcuno – jemandem Angst einjagen

indagare

- su qualcosa   über etwas Nachforschungen anstellen

indicare
- qualcosa   etwas anzeigen

indignarsi
- per qualcosa   sich über etwas entrüsten

indirizzare
- qualcuno da qualcuno   jemanden zu jemandem schicken

indirizzare la parola a qualcuno – das Wort an jemanden richten

indirizzarsi
- a qualcuno   sich an jemanden wenden

indossare
- qualcosa   etwas anhaben, tragen

indovinare
- qualcosa   etwas erraten

indurirsi
- in qualcosa   sich auf etwas versteifen

indurre
- qualcuno a qualcosa   jemanden zu etwas bewegen

indurre qualcuno in errore – jemanden irreführen
indurre qualcuno in tentazione – jemanden in Versuchung führen

inerpicarsi
- su qualcosa   auf etwas klettern

infarinare
- qualcosa di qualcosa   etwas mit etwas bestreuen

infastidirsi
- per qualcosa   sich über etwas ärgern

infatuare
- per   begeistern für

infatuarsi
- di   sich in etwas vernarren

infiammare
- qualcosa   etwas anzünden

infiammarsi in viso – erröten

infilare
- qualcosa in qualcosa   etwas auf etwas stecken

infilarsi nel letto – ins Bett schlüpfen

infischiarsi
- di qualcosa   auf etwas pfeifen

influire
- su qualcuno   auf jemanden einwirken
- su qualcosa   etwas beeinflussen

infognarsi
- con qualcuno   sich mit jemandem einlassen

infognarsi nei debiti – sich in Schulden stürzen

informare
- qualcuno di qualcosa   jemanden über etwas informieren
- qualcuno su qualcosa   jemanden über etwas informieren

informarsi

- di qualcosa sich über etwas informieren
- su qualcosa sich über etwas informieren

inframmettersi

- in qualcosa sich in etwas einmischen

inframmezzare

- qualcosa a qualcosa etwas mit etwas vereinbaren

inframmischiare

- qualcosa a qualcosa etwas unter etwas mischen

infrangere

- qualcosa etwas übertreten, zerbrechen

infrangere la legge – das Gesetz brechen

infrangere un contratto – einen Vertrag verletzen

infrociare

- qualcosa gegen etwas knallen

ingannare

- qualcuno jemanden täuschen

ingannare il tempo – die Zeit totschlagen

ingerirsi

- in qualcosa sich in etwas einmischen

ingolsire

- qualcuno jemandem Appetit machen

ingraziarsi

- qualcuno sich bei jemandem bliebt machen

inguaiare

- qualcuno   jemandem Scherereien einbringen

inguaiare una ragazza – ein Mädchen schwängern

---

inibire

- qualcosa   etwas verbieten

---

iniziare

- a fare qualcosa   beginnen, etwas zu tun
- qualcuno a qualcosa   jemanden in etwas einführen

---

innamorarsi

- di qualcuno   sich in jemanden verlieben

---

inneggiare

- a qualcosa   auf etwas eine Hymne singen

---

innestarsi

- in qualcosa   in ewas einmünden

---

innovare

- qualcosa   etwas erneuern

---

inoltrare

- qualcosa   etwas einreichen

---

inorgoglire

- di qualcosa   stolz machen auf

---

inorgoglirsi

- di qualcosa   auf etwas stolz werden

© Forza! Verben und ihre Präpositionen

inquietare

- qualcuno   jemanden beängstigen, beunruhigen

insegnare

- qualcosa a qualcuno   jemandem etwas lehren

inseguire

- qualcuno   jemanden verfolgen
- qualcosa   etwas verfolgen

inserirsi

- in qualcosa   einer Sache beitreten

insignire

- di   auszeichnen mit

insinuarsi

- in qualcosa   sich in etwas einschleichen

insistere

- in qualcosa   auf etwas beharren
- su qualcosa   auf etwas immer wieder zurückkehren

insorgere

- contro qualcuno   sich gegen jemanden erheben
- contro qualcosa   sich gegen etwas erheben

installare

- qualcuno   jemanden unterbringen

insultare

- qualcuno   jemanden beleidigen

integrarsi

- in   sich eingliedern in

intendere

- qualcosa   etwas verstehen

darla a intendere a qualcuno – jemandem etwas weismachen
lasciare intendere qualcosa a qualcuno – jemandem etwas zu verstehen geben
intendersela con qualcuno – mit jemandem etwas haben

intendersi

- di qualcosa   sich in etwas auskennen

intensificare

- qualcosa   etwas verstärken

interessare

- a qualcuno   jemanden interesserien

interessarsi

- di qualcuno   sich um jemanden kümmern
- di qualcosa   sich um etwas kümmern
- a qualcuno   sich für jemanden interessieren
- a qualcosa   sich für etwas interessieren

interferire

- in qualcosa   sich in etwas einmischen

interporre

- qualcosa   etwas dazwischenlegen

interporre tempo – zögern
interporre ostacoli – Hindernisse in den Weg legen

interpretare

- qualcosa etwas interpretieren, auslegen

interogare

- qualcuno jemanden befragen

interrompere

- qualcuno jemanden unterbrechen

intervenire

- in qualcosa sich in etwas eimmischen
- a qualcosa an etwas teilnehmen

intervistare

- qualcuno jemanden interviewen

intestardirsi

- su qualcosa sich auf etwas versteifen
- in qualcosa sich auf etwas versteifen

intestare

- qualcosa a qualcuno etwas auf jemandes Namen eintragen

intonarsi

- con qualcosa zu etwas passen
- a qualcosa zu etwas passen

intossicare

- qualcuno jemanden vergiften

intramezzare

- qualcosa con qualcuno etws in etwas einschieben

intrattenersi
- su qualcosa   sich bei etwas aufhalten

intrigarsi
- in qualcosa   sich in etwas einmischen

introdurre
- qualcuno   jemanden vorstellen
- qualcosa   etwas einführen

introdurrsi
- in qualcosa   in etwas eindringen

intromettersi
- in qualcosa   sich in etwas einmischen

intrugliarsi
- in qualcosa   sich auf etwas einlassen

invaghirsi
- in qualcuno   sich in jemanden verlieben
- di qualcosa   mit etwas liebäugeln

invalidare
- qualcosa   etwas für ungültig erklären

inveire
- contro qualcuno   auf jemanden schimpfen
- contro qualcosa   gegen etwas wettern

invelenire
- contro qualcuno   gegen jemanden aufgebracht sein

inventare

- qualcosa   etwas erfinden

invertire

- qualcosa   etwas austauschen

investigare

- qualcosa   etwas untersuchen

investire

- qualcuno di qualcosa   jemanden mit etwas betrauen

inviare

- qualcosa   etwas verschicken

invidiare

- qualcuno per qualcosa   jemanden um etwas beneiden

inviluppare

- in   hineinziehen in

invischiarsi

- in qualcosa   sich auf etwas einlassen

invitare

- qualcuno   jemanden einladen

invitare qualcuno a cena – jemanden zum Abendessen einladen

invogliare

- qualcuno di qualcosa   jemanden zu etwas anregen

invogliarsi

- di qualcosa   auf etwas Lust bekommen

involgere
- qualcosa in qualcosa etwas in etwas einwickeln

ipnotizzare
- qualcuno jemanden hypnotisieren

irrompere
- in qualcosa in etwas einbrechen

iscriversi
- a qualcosa sich zu etwas anmelden

iscriversi all'università – sich an der Universität einschreiben

isolare
- qualcosa etwas isolieren

ispirarsi
- a qualcosa sich von etwas inspirieren lassen

istigare
- qualcuno a qualcosa jemanden zu etwas anstiften

instruirsi
- su qualcosa sich über etwas informieren

L

lacerare

- qualcuno jemanden quälen
- qualcosa etwas zerreißen

lagnarsi

- per qualcosa sich über etwas beschweren
- di qualcosa über etwas klagen

lambiccarsi

- il cervello su qualcosa sich über etwas den Kopf zerbrechen

lamentarsi

- per qualcosa sich über etwas beklagen
- di qualcosa über etwas klagen

lanciare

- qualcosa etwas werfen

lanciarsi

- contro qualcuno sich auf jemanden stürzen
- contro qualcosa sich auf etwas stürzen
- in qualcosa sich in etwas stürzen

largheggiare

- di qualcosa mit etwas freigebig sein
- in qualcosa mit etwas freigebig sein

largheggiare in cortesie – betont höflich sein
largheggiare in mance – reichlich Trinkgeld geben

lasciare

- qualcuno   sich trennen von
- qualcosa   etwas verlassen, lassen

lasciare detto – ausrichten lassen
lasciare scritto – schriftlich festlegen
lasciare ogni speranza – jede Hoffnung aufgeben
lasciare andare – sich nicht kümmern um
lasciare fare – gewähren lassen
lasciare stare qualcuno – jemanden in Ruhe lassen
lasciare a desiderare – zu wünschen übrig lassen
lasciarsi andare – sich gehen lassen

---

laureare

- qualcuno   jemandem einen akademischen Grad verleihen

---

laurearsi

- in   einen Abschluss in… machen

---

lavare

- qualcosa   etwas waschen

lavare a secco – chemisch reinigen

---

lavarsi

- qualcosa   sich etwas waschen

lavarsi come i gatti – Katzenwäsche machen

---

lavorare

- come + Beruf   arbeiten als + Beruf

---

lavorarsi

- qualcuno   jemanden umgarnen

leccare lecken, schlecken

leccare i piedi a qualcuno – vor jemandem kriechen

leccarsi le dita per qualcosa – sich die Finger nach etwas lecken

---

legalizzare

- qualcosa etwas legalisieren

---

legarsi

- a qualcuno sich an jemanden binden

---

leggere

- qualcosa etwas lesen

leggere la mano – aus der Hand lesen

leggere il futuro – die Zukunft voraussagen

---

lesionare

- qualcosa etwas beschädigen

---

levare

- qualcosa etwas heben, aufheben

levare di mezzo qualcuno – jemanden beseitigen

levare le braccia in alto – sich geschlagen geben

levare gli occhi al cielo – die Augen verdrehen

---

liberare

- qualcuno jemanden befreien, freilassen
- qualcosa etwas freilassen

---

liberarsi

- di qualcosa sich von etwas befreien
- da qualcosa sich von etwas befreien

licenziare
- qualcuno   jemanden entlassen

limitare
- qualcosa   etwas begrenzen

limitarsi
- in qualcosa   sich in etwas einschränken
- a qualcosa   sich auf etwas beschränken

lisciare
- qualcuno   jemandem schmeicheln

lisciarsi i capelli – sich die Haare glatt streichen

litigare
- con qualcuno   mit jemandem streiten

loggarsi
- su qualcosa   sich in etwas einloggen

lottare
- con   kämpfen mit

lottare con il sonno – mit dem Schlaf kämpfen

lusingare
- qualcuno   jemandem schmeicheln

M

maledire

- qualcuno   jemanden verfluchen

malignare

- su qualcuno   über jemanden klatschen
- su qualcosa   über etwas klatschen

malmenare

- qualcuno   jemanden misshandeln, verprügeln

maltrattare

- qualcuno   jemanden misshandeln

mancare

- a qualcosa   etwas versäumen
- a qualcosa   etwas vernachlässigen

non farsi mancare niente – es sich an nichts fehlen lassen

mandare

- qualcosa a qualcuno   jemandem etwas schicken

mandare a chiamare qualcuno – nach jemandem schicken
non mandare giù qualcosa – etwas nicht hinnehmen

mangiare

- qualcosa   etwas essen

dare da mangiare a qualcuno – jemanden füttern

manifestare

- qualcosa   etwas kundtun, äußern

manipolare

- qualcosa   etwas manipulieren

mantenere

- qualcuno   jemanden ernähren
- qualcosa   etwas bewahren

martellare

- qualcuno di domande   jemanden mit Fragen überschütten

mascherarsi

- da qualcuno   sich als jemand verkleiden

maturare

- qualcuno   jemandem das Reifezeugnis erteilen

mentire

- a qualcuno   jemanden belügen

menzionare

- qualcosa   etwas erwähnen

meravigliarsi

- di qualcosa   sich über etwas wundern

mercanteggiare

- su qualcosa   um etwas feilschen

meritare

- qualcosa   etwas verdienen

mescere

- qualcosa   etwas eingießen, einschenken

mescolare

- qualcosa — etwas vermischen, durcheinanderbringen

mettere — setzen, stellen, legen
- su — gründen
- dentro — hineinstecken

mettere a confronto – vergleichen
mettere al mondo – zur Welt bringen
mettere in pericolo – in Gefahr bringen
mettere in chiaro – klarstellen
mettere qualcuno in libertà – jemandem die Freiheit geben
mettere paura a qualcuno – jemandem Angst einjagen
mettere le radici – Wurzeln schlagen
mettere i denti – Zähne bekommen
mettere in pratica – in die Tat umsetzen
mettere bocca – sich einmischen
mettercela tutta – alles daransetzen

mettersi

- a + Inf. — anfangen zu..., beginnen zu...
- con qualcuno — sich mit jemandem vereinigen

mettersi a proprio agio – es sich bequem machen
mettersi in contatto con qualcuno – sich mit jemandem in Verbindung setzen

migliorare

- qualcosa — etwas verbessern

millantarsi

- di qualcosa — sich einer Sache rühmen

minacciare
- qualcuno di qualcosa   jemanden mit etwas bedrohen

mirare
- a qualcosa   auf etwas zielen
- a qualcosa   nach etwas trachten

mirare in alto – ein hohes Ziel anstreben

mischiare
- qualcosa   etwas mischen

mischiarsi tra la folla – sich unters Volk mischen

misurare
- qualcosa   etwas anprobieren; etwas abmessen

modellare
- qualcosa su qualcosa   etwas an etwas ausrichten

modellarsi
- su qualcosa   sich nach etwas richten

moderare
- qualcosa   etwas vermindern, einschränken

molestare
- qualcuno   jemanden belästigen

molleggiarsi
- sulle gambe   in den Knien federn

moltiplicare
- qualcosa   etwas multiplizieren

moltiplicare un numero per un altro – eine Zahl mit einer anderen multiplizieren

montare

- qualcosa   etwas montieren, aufstellen

montare la testa a qualcuno – jemandem den Kopf verdrehen

montarsi la testa – sich etwas einbilden

---

morire   sterben

morire di sete/di fame – vor Durst/Hunger sterben

morire ammazzato – umgebracht werden

morire dal sonno – todmüde sein

una fame da morire – ein Mordshunger

morire di morte naturale – eines natürlichen Todes sterben

---

mostrare

- qualcosa a qualcuno   jemandem etwas zeigen

mostrare i denti – die Zähne zeigen

---

motivare

- qualcuno a fare qualcosa   jemanden motivieren, etwas zu tun

---

munire

- qualcuno di qualcosa   jemanden mit etwas versehen
- qualcosa di qualcosa   etwas mit etwas versehen

---

munirsi

- di qualcosa   sich mit etwas ausrüsten
- contro qualcosa   sich gegen etwas wappnen

---

muovere   bewegen

- da   abgehen von
- incontro a qualcuno   jemandem entgegengehen
- da qualcosa   von etwas ausgehen

muovere i primi passi – die ersten Schritte machen

non muovere un dito – keinen Finger rühren

N

narcotizzare

- qualcuno — jemanden betäuben

narrare

- di qualcuno — von jemandem erzählen
- di qualcosa — von etwas erzählen

nascondere

- qualcosa — etwas verstecken
- qualcosa a qualcuno — jemandem etwas verheimlichen

navigare

- in Internet — im Internet surfen

navigare in cattive acque – sich in einer üblen Lage befinden

necessitare

- di qualcosa — etwas benötigen

negare

- qualcosa — etwas verneinen, abstreiten

negoziare

- in qualcosa — mit etwas Handel betreiben

noleggiare

- qualcosa — etwas vermieten, mieten

nominare

- qualcosa — etwas benennen

notare

- qualcosa   etwas vermerken, aufzeichnen

farsi notare – sich bemerkbar machen

far notare qualcosa a qualcuno – jemanden auf etwas aufmerksam machen

---

notificare

- qualcosa   etwas bekannt geben

---

numerare

- qualcosa   etwas numerieren

---

nuotare   schwimmen

nuotare a farfalla – im Schmetterlingsstil schwimmen

nuotare a rana – Brust schwimmen

nuotare nell'abbondanza – im Überfluss leben

---

nutrire

- qualcuno   jemanden ernähren

---

nutrirsi

- di qualcosa   sich von etwas ernähren

O

obbligare

- qualcuno a fare qualcosa   jemanden zwingen, etwas zu tun

obbliarsi

- in qualcuno   mit dem Gedanken bei jemandem sein

occorrere   nötig werden

- occorre + Inf.   man muss
- non occorre + Inf.   man braucht nicht

occuparsi

- di qualcosa   sich mit etwas beschäftigen
- di qualcuno   sich um jemanden kümmern
- di qualcosa   sich in etwas einmischen

odiare

- qualcuno   jemanden hassen
- qualcosa   etwas hassen

odorare

- di qualcosa   nach etwas riechen

offendere

- qualcuno   jemanden beleidigen

offire

- qualcosa a qualcuno   jemandem etwas anbieten

oltraggiare

- qualcuno	jemanden beschimpfen, beleidigen

omaggiare

- qualcuno	jemandem Hochachtung erweisen

omaggio! – meine Hochachtung!

omettere

- qualcosa	etwas unterlassen

omologare

- qualcosa	etwas zulassen, genehmigen

onerare

- qualcuno di qualcosa	jemandem etwas aufbürden

onorare

- qualcuno	jemanden ehren

operare

- qualcosa	etwas bewirken, vollbringen

oppiare

- qualcuno	jemandem Opium geben

opporsi

- a qualcuno	sich jemandem widersetzen
- a qualcosa	sich etwas widersetzen

opprimere

- qualcosa	etwas unterdrücken

optare

- per qualcosa   sich für etwas entscheiden

orbare

- qualcuno di qualcosa   jemandem einer Sache berauben

orbitare

- intorno a   kreisen um

ordinare

- qualcosa   etwas befehlen, bestellen

ordinare qualcuno sacerdote – jemanden zum Priester weihen

organizzare

- qualcosa   etwas organisieren, veranstalten

orientare

- qualcuno verso qualcosa   jemanden zu etwas hinführen
- qualcosa a sud   etwas nach Süden richten
- verso l'alto   nach oben richten

orientarsi

- verso qualcosa   sich etwas zuwenden

originare

- qualcosa   etwas hervorrufen

ornare

- qualcosa   etwas schmücken

osannare

- a qualcuno   jemandem zujubeln

osare

- qualcosa   etwas wagen

ospitare

- qualcuno   jemanden beherbergen

ossequiare

- qualcuno   jemanden hoch achten

osservare

- qualcuno   jemanden beobachten

ossigenare

- qualcosa   etwas mit Sauerstoff anreichern

ossigenarsi i capelli – sich die Haare blondieren

ostenarsi

- su qualcosa   sich auf etwas versteifen

ottenere

- qualcosa   etwas erlangen, erzielen

ottimizzare

- qualcosa   etwas optimieren

P

pacificare

- qualcuno   jemanden beruhigen, besänftigen

padroneggiare

- qualcosa   etwas beherrschen

pagare

- qualcosa   etwas bezahlen
- qualcuno di qualcosa   jemanden mit etwas belohnen
- qualcuno con qualcosa   jemanden mit etwas belohnen

pagare caro qualcosa – etwas teuer bezahlen

pagare da bere a qualcuno – jemandem einen ausgeben

farla pagare cara a qualcuno – jemanden für etwas büßen lassen

palesare

- qualcosa   etwas kundtun

parafrasare

- qualcosa   etwas umschreiben

paragonare

- qualcosa   etwas vergleichen

parare

- qualcosa da qualcosa   etwas vor etwas schützen

pararsi

- da qualcosa   sich vor etwas schützen

© Forza! Verben und ihre Präpositionen

pareggiare

- qualcosa	etwas ausgleichen
- qualcuno in qualcosa	jemandem in etwas gleichkommen
- con qualcuno	gegen jemanden unentschieden spielen

parere

- qualcuno	jemandem ähnlich sein
- qualcosa	etwas ähnlich sein

pare di sì/di no – anscheinend schon/nicht

a quanto pare – wie es scheint

che te ne pare? – was hälst du davon?

pare impossibile – es scheint unmöglich

parlare

- a qualcuno	jemanden ansprechen
- con qualcuno	mit jemandem sprechen
- di qualcuno	über jemanden sprechen
- di qualcosa	über etwas sprechen

parlare tedesco/italiano – Deutsch/Italienisch sprechen

parlare con le mani – mit den Händen sprechen

far parlare di sé – von sich reden machen

per non parlare di – ganz zu schweigen von

partecipare

- a qualcosa	an etwas teilnehmen

partecipare al dolore di qualcuno – jemandes Schmerz teilen

parteggiare

- per qualcuno	für jemanden Partei nehmen
- per qualcosa	für etwas Partei nehmen

partire

- per... abfahren nach...
- da qualcosa von etwas ausgehen

partire per le vacanze – in die Ferien fahren
a partire da – seit
partire in quarta – loslegen

---

passare

- per qualcosa durch etwas gehen, fahren
- sopra a qualcosa über etwas hinweggehen
- da qualcuno a qualcuno von jemandem auf jemanden übergehen
- da qualcosa a qualcosa von etwas zu etwas überwechseln

passare per la mente – durch den Sinn gehen
passare a prendere qualcuno – jemanden abholen kommen
passare di moda – aus der Mode kommen
passo e chiudo – Ende der Durchsage
passare per bello – als schön gelten
passare il segno – das Maß überschreiten
passare qualcosa sotto silenzio – etwas verschweigen

---

patire

- qualcosa etwas ertragen

---

patrocinare

- qualcuno jemanden verteidigen, unterstützen

---

pedinare

- qualcuno jemanden beschatten

© Forza! Verben und ihre Präpositionen

peggiorare

- qualcosa — etwas verschlechtern

pelare

- qualcosa — etwas häuten, schälen

pendere

- da qualcosa — an etwas hängen, von etwas abhängen
- su qualcuno — jemandem bevorstehen
- verso qualcosa — zu etwas neigen

pendere dalla parte di qualcuno – jemanden vorziehen

penetrare

- in qualcosa — in etwas eindringen

pensare

- a qualcuno — an jemanden denken
- a qualcosa — an etwas denken
- a qualcosa — auf etwas achten
- su qualcosa — über etwas nachdenken

dar da pensare – zu denken geben

e pensare che... – wenn man bedenkt, dass...

pensare bene/male di qualcuno – gut/schlecht über jemanden denken

pensare di fare qualcosa – daran denken, etwas zu tun

pensa e ripensa – nach langer Überlegung

pentirsi

- di qualcosa — etwas bereuen

pepare

- qualcosa — etwas pfeffern

percentualizzare

- qualcosa   den Prozentsatz einer Sache errechnen

percepire

- qualcosa   etwas wahrnehmen

percorrere

- qualcosa   etwas durchqueren

perdere

- qualcosa   etwas verlieren

perdere la faccia – das Gesicht verlieren

perdere la ragione – den Verstand verlieren

perdere la pazienza – die Geduld verlieren

perdere ogni speranza – jede Hoffnung verlieren

perdere la vita – ums Leben kommen

perdere qualcuno di vista – jemanden aus den Augen verlieren

lasciar perdere – es sein lassen

perdersi d'animo – den Mut verlieren

perdersi dietro a qualcuno – sich jemandem völlig hingeben

perdonare

- qualcuno   jemandem verzeihen

perdurare

- in qualcosa   auf etwas beharren

perequare

- qualcosa   etwas ausgleichen

perfezionare

- qualcosa   etwas verbessern

perfezionarsi
- in qualcosa   sich auf etwas spezialisieren

perforare
- qualcosa   etwas durchlöchern

permettere
- a qualcuno di fare qualcosa   jemandem erlauben, etwas zu tun

è permesso? – darf ich?

permutare
- qualcosa   etwas umtauschen

perseguire
- qualcuno   jemanden verfolgen
- qualcosa   etwas verfolgen

perseverare
- in qualcosa   auf etwas beharren

persistere
- in qualcosa   auf etwas beharren

persuadrere
- qualcuno di qualcosa   jemanden von etwas überzeugen
- qualcuno di fare qualcosa   jemanden überreden, etwas zu tun

persuadersi
- di qualcosa   sich mit etwas abfinden

pervenire
- a qualcosa   zu etwas gelangen, etwas erreichen

far pervenire – zukommen lassen

pervenire a destinazione – *dem Empfänger zugestellt werden*

pesare

- qualcosa etwas abwiegen, etwas abschätzen
- su qualcosa etwas belasten
- su qualcuno auf jemandem lasten
- su qualcosa auf etwas lasten

pesare sullo stomaco – *schwer im Magen liegen*

pescare

- qualcuno jemanden erwischen

piacere

- a qualcuno jemandem gefallen, schmecken

che ti piaccia o no – *ob es dir gefällt oder nicht*

piangere weinen

- qualcosa einer Sache nachtrauern

piangere di gioia – *vor Freude weinen*
mi piange il cuore – *mir blutet das Herz*

pianificare

- qualcosa etwas planen

piantare

- qualcosa etwas anbauen, pflanzen

piantarsi in casa di qualcuno – *sich bei jemandem einnisten*

piantonare

- qualcosa etwas bewachen, überwachen

picchiare
- qualcuno jemanden verprügeln

picchiare un colpo alla porta – an die Tür klopfen

---

piegare
- qualcosa etwas biegen, beugen

---

pigliare
- qualcosa sich etwas schnappen

pigliarle – Prügel kriegen

---

pignorare
- qualcosa etwas pfänden

---

pilotare
- qualcosa etwas steuern, führen

---

piovere regnen

piovere a dirotto – gießen

piovere a catinelle – wie aus Eimern schütten

piovere a scroscio – in Strömen regnen

---

piratare
- qualcosa von etwas Raubkopien anfertigen

---

pisciarsi
- adosso sich in die Hosen machen
- sotto sich in die Hosen machen

---

placare
- qualcuno jemanden besänftigen

© Forza! Verben und ihre Präpositionen

polemizzare

- su qualcosa   gegen etwas polemisieren

poltrire

- nell'ozio   müßig sein

polverizzare

- qualcosa   etwas vernichten, zu Staub zermahlen

ponderare

- qualcosa   etwas in Erwägung ziehen

porgere

- qualcosa a qualcuno   jemandem etwas geben

porgere la mano – die Hand geben

porgere l'orecchio – ganz Ohr sein

porre

- qualcosa   etwas setzen, stellen, legen

porre una domanda a qualcuno – jemandem eine Frage stellen

porre fine a qualcosa – einer Sache ein Ende bereiten

portare

- via   wegbringen
- su   hinauftragen
- giù   hinuntertragen
- dentro   hineintragen
- fuori   hinaustragen

portare in tavola – auftischen

portare fortuna a qualcuno – jemandem Glück bringen

portare a spasso qualcuno – jemanden spazieren führen

portare gli occhiali – eine Brille tragen

portare bene/male gli anni – für sein Alter gut/schlecht aussehen

posare
- qualcosa   etwas hinstellen, hinlegen

posizionare
- qualcosa   etwas positionieren

possedere
- qualcosa   etwas besitzen

potenziare
- qualcosa   etwas verstärken

potere   können

può darsi che + Conj. – es könnte sein, dass…

non ne posso più – ich kann nicht mehr

si può fare – das lässt sich machen

praticare
- qualcosa   etwas praktizieren

preconizzare
- qualcosa   etwas voraussagen

precorrere
- qualcosa   etwa vorwegnehmen

predare
- qualcuno   jemanden berauben

predicare

- qualcosa   etwas predigen

predicare al vento – in den Wind reden

---

prediligere

- qualcuno   jemanden bevorzugen
- qualcosa   etwas bevorzugen

---

predire

- qualcosa   etwas vorhersagen

---

predisporre

- qualcuno a qualcosa   jemanden auf etwas vorbereiten
- qualcosa a qualcosa   etwas auf etwas vorbereiten
- a qualcosa   für etwas anfällig machen

---

predisporsi

- a qualcosa   sich auf etwas vorbereiten

---

predominare

- su qualcuno   über jemanden herrschen

---

preferire

- qualcosa   etwas bevorzugen
- qualcosa a qualcosa   eine Sache einer anderen Sache vorziehen

---

prefigurare

- qualcosa   etwas ankündigen

---

pregare

- qualcuno di fare qualcosa   jemanden bitten, etwas zu tun

ti prego di farmi un favore – ich bitte dich um einen Gefallen

farsi pregare – sich bitten lassen

pregiudicare

- qualcosa   einer Sache schaden

preludere

- a qualcosa   auf etwas hindeuten

premere

- su qualcosa   auf etwas drücken
- su qualcuno   auf jemanden Druck ausüben, auf jemandem lasten

premunirsi

- contro qualcosa   sich vor etwas schützen

prendere

- qualcosa   etwas nehmen
- qualcuno per qualcuno   jemanden mit jemandem verwechseln
- per qualcosa   auf etwas zugehen
- a fare qualcosa   anfangen, etwas zu tun

prendere il sole – sich sonnen

prendere in affitto – mieten

prendere appunti – Notizen machen

prendere piede – Fuß fassen

prendere sonno – einschlafen

prendere tempo – zögern

prendere qualcuno sul serio – jemanden ernst nehmen

prendere qualcuno in braccio – jemanden in den Arm nehmen

prendere qualcuno con le cattive – jemandem drohen

© Forza! Verben und ihre Präpositionen

prendersi

- a qualcosa sich an etwas festhalten

prendersi cura di qualcuno – sich um jemanden kümmern

prendersi una vacanza – Urlaub nehmen

prendersela con qualcuno – auf jemanden böse sein

prendersela a cuore – es sich zu Herzen nehmen

---

prenotare

- qualcosa etwas buchen, vorbestellen, reservieren

---

prenotarsi

- per qualcosa sich für etwas anmelden

---

preoccuparsi

- per qualcuno sich um jemanden Sorgen machen
- per qualcosa sich um etwas Sorgen machen

---

preparare

- qualcosa etwas vorbereiten, herrichten

---

prepararsi

- a qualcosa sich auf etwas vorbereiten
- per fare qualcosa sich fertig machen, um etwas zu tun

---

preporre

- qualcuno a qualcuno jemanden jemandem vorziehen
- qualcosa a qualcosa etwas einer Sache vorziehen

---

prescindere

- da qualcosa von etwas absehen

a prescindere da – abgesehen von

prescrivere
- qualcosa
etwas verschreiben, vorschreiben

presentare
- qualcosa
etwas vorstellen
- qualcuno a qualcuno
jemanden jemandem vorstellen

presentarsi
- a qualcuno
sich jemandem vorstellen

presenziare
- a qualcosa
einer Sache beiwohnen

preservare
- qualcuno da qualcosa
jemanden vor etwas schützen
- qualcosa da qualcosa
etwas vor etwas schützen

presiedere
- a qualcosa
die Leitung einer Sache haben

prestare
- qualcosa a qualcuno
jemandem etwas leihen

prestare orecchio a qualcuno – jemandem sein Ohr leihen
prestare ascolto a qualcuno – jemandem Gehör schenken

prestarsi
- a qualcosa
sich für etwas eignen

presumere
- qualcosa
etwas annehmen

presupporre
- qualcosa
etwas vermuten

pretendere

- qualcosa — etwas verlangen, fordern

prevalere

- su qualcuno — jemandem überlegen sein

prevedere

- qualcosa — etwas vorhersehen

prevenire

- qualcuno — jemandem zuvorkommen
- qualcosa — etwas zuvorkommen
- qualcosa — einer Sache vorbeugen

privare

- qualcuno di qualcosa — jemanden einer Sache berauben

privarsi

- di qualcosa — auf etwas verzichten

procedere

- a qualcosa — mit etwas beginnen
- contro qualcuno — gerichtlich gegen jemanden vorgehen

proclamare

- qualcosa — etwas erklären

prodigarsi

- per qualcuno — sich für jemanden aufopfern

produrre

- qualcosa — etwas erzeugen

profittare
- di qualcosa   aus etwas Nutzen ziehen

profondere
- qualcosa   etwas austeilen

profondersi
- in qualcosa   sich in etwas ergehen

profumare
- di qualcosa   nach etwas duften

progettare
- qualcosa   etwas planen

proibire
- qualcosa   etwas untersagen, verbieten

proiettare
- qualcosa in qualcosa   etwas auf etwas projizieren

prolungare
- qualcosa   etwas verlängern

promettere
- qualcosa a qualcuno   jemandem etwas versprechen

pronunciare
- qualcosa   etwas verkünden

propendere
- per qualcuno   zu jemandem neigen
- per qualcosa   zu etwas neigen

proporre

- qualcosa etwas vorbringen

prorogare

- qualcosa etwas aufschieben

prorompere hervorbrechen

prorompere in lacrime – in Tränen ausbrechen

proseguire

- in qualcosa etwas fortsetzen

proteggere

- qualcuno jemanden beschützen

protestare

- contro qualcosa gegen etwas protestieren

provare

- qualcosa etwas versuchen, probieren

provarsi

- a fare qualcosa versuchen, etwas zu tun
- in qualcosa sich in etwas üben

provenire

- da herkommen aus
- da qualcosa von etwas stammen

provocare

- qualcuno jemanden reizen
- qualcosa etwas verursachen, hervorrufen

provvedere

- a qualcosa für etwas sorgen
- qualcuno di qualcosa jemanden mit etwas versehen
- qualcosa di qualcosa etwas mit etwas versehen

provvedersi

- di qualcosa sich etwas besorgen

pubblicare

- qualcosa etwas veröffentlichen

pulire

- qualcosa etwas putzen

pulirsi i denti – sich die Zähne putzen
pulirsi il naso – sich die Nase putzen

punire

- qualcuno jemanden bestrafen

puntare

- qualcosa etwas stützen
- qualcosa su qualcosa etwas auf etwas setzen
- su qualcosa mit etwas rechnen
- a qualcosa auf etwas zuhalten

puntare il dito verso qualcuno – mit dem Finger auf jemanden zeigen
puntare sul cavallo perdente – auf das falsche Pferd setzen

purgare

- qualcuno jemandem ein Abführmittel geben

puzzare

- di qualcosa   nach etwas stinken

Q

quadrare

- con qualcosa   mit etwas übereinstimmen

quadripartire

- qualcosa   etwas durch vier teilen, vierteln

quadruplicare

- qualcosa   etwas mit vier multiplizieren

questionare

- di qualcosa   etwas diskutieren
- con qualcuno su qualcosa   mit jemandem über etwas streiten

quietare

- qualcuno   jemanden beruhigen

quotare

- qualcosa   etwas notieren

R

rabbonire
- qualcuno   jemanden beruhigen

raccogliere
- qualcosa   etwas ernten, sammeln

raccomandare
- qualcosa a qualcuno   jemandem etwas empfehlen

raccontare
- qualcosa a qualcuno   jemandem etwas erzählen

raccontare per filo e per segno – haarklein berichten

raccorciare
- qualcosa   etwas verkürzen

raddoppiare
- qualcosa   etwas verdoppeln

raffermare
- qualcosa   etwas bestätigen

raffigurare
- qualcosa   etwas darstellen

rafforzare
- qualcosa   etwas verstärken

raffrontare
- qualcosa   etwas vergleichen, gegenüberstellen

raggiungere
- qualcosa	etwas erreichen

raggiustare
- qualcosa	etwas ausbessern

ragionare
- di qualcosa	über etwas sprechen

rallegrarsi
- con qualcuno	jemandem gratulieren

rammentare
- qualcuno	sich an jemanden erinnern
- qualcosa	sich an etwas erinnern
- qualcosa a qualcuno	jemanden an etwas erinnern

rammentarsi
- di qualcuno	sich an jemanden erinnern
- di qualcosa	sich an etwas erinnern

rapportarsi
- a qualcosa	sich auf etwas beziehen

rappresentare
- qualcosa	etwas darstellen, symbolisieren

rasentare
- qualcosa	einer Sache nahekommen

rasentare il ridicolo – sich am Rande des Lächerlichen bewegen

rassegnarsi
- a qualcosa	sich mit etwas abfinden

rassettare
- qualcosa   etwas aufräumen

rassomigliare
- a qualcuno   jemandem ähnlich sein

ratificare
- qualcosa   etwas bestätigen

ravanare
- in   stöbern in, wühlen in

razionare
- qualcosa   etwas begrenzen

reagire
- a qualcosa   auf etwas reagieren

realizzare
- qualcosa   etwas verwirklichen

recare
- qualcosa   etwas bewirken

recare disturbo a qualcuno – jemanden stören

recare offesa a qualcuno – jemanden beleidigen

recitare
- qualcosa   etwas vortragen

recitare la commedia – eine Komödie aufführen

reclamare
- contro qualcosa   etwas reklamieren
- per qualcosa   etwas reklamieren

redimere
- qualcuno   jemanden erlösen

---

regalare
- qualcosa a qualcuno   jemandem etwas schenken

---

reggere
- qualcosa   etwas halten

reggere il vino – trinkfest sein
reggersi a galla – sich an der Oberfläche halten

---

registrare
- qualcosa   etwas eintragen, registrieren

---

regolare
- qualcosa   etwas regeln, ordnen

---

reincarnare
- qualcuno   jemandem wie aus dem Gesicht geschnitten sein

---

reinstallare
- qualcuno in qualcosa   jemanden in etwas wieder einführen

---

rendere
- qualcosa a qualcuno   jemandem etwas zurückgeben

rendere lode a qualcuno – jemanden loben
rendere omaggio a qualcuno – jemanden huldigen
rendere giustizia a qualcuno – jemandem gerecht werden
rendere bene/male – viel/wenig einbringen
rendere felice qualcuno – jemanden glücklich machen
rendersi utile – sich nützlich machen

rendersi

- conto di qualcosa — sich etwas bewusst machen

requisire

- qualcosa — etwas beschlagnahmen

resistere

- a qualcuno — gegen jemanden Widerstand leisten
- a qualcosa — gegen etwas Widerstand leisten
- a qualcosa — etwas ertragen
- a qualcuno — jemandem widerstehen
- a qualcosa — etwas widerstehen

respirare — atmen

repirare con la bocca – durch den Mund atmen
respirare col naso – durch die Nase atmen
respirare a pieni polmoni – tief durchatmen

restare — bleiben

restare a casa – zuhause bleiben
restare in piedi – stehen bleiben
restare seduto – sitzen bleiben
restare deluso – enttäuscht werden
restare indietro – zurückbleiben
restare d'accordo su qualcosa – sich über etwas einig sein

restaurare

- qualcosa — etwas wiederherstellen, restaurieren

restituire

- qualcosa a qualcuno — jemandem etwas zurückgeben

riacquistare

- qualcosa → etwas zurückkaufen

ributtarerialzare

- qualcosa → etwas wieder aufrichten

rianimare

- qualcuno → jemanden wiederbeleben

riassumere

- qualcuno → jemanden wieder einstellen

riattivare

- qualcosa → etwas reaktivieren

riavere

- qualcosa → etwas wieder bekommen

ribellarsi

- a qualcuno → sich gegen jemanden erheben
- a qualcosa → sich gegen etwas erheben, sträuben

ributtarsi

- in qualcosa → wieder in etwas verfallen

ricalcare

- qualcosa → etwas wieder drücken

ricalcare le orme di qualcuno – jemandes Beispiel folgen

ricercare

- qualcosa → etwas erforschen

ricevere

- qualcosa etwas erhalten, bekommen

ricevere in dono qualcosa – etwas geschenkt bekommen
ricevere in prestito qualcosa – etwas geliehen bekommen

richiamarsi

- a qualcosa sich auf etwas berufen

richiedere

- qualcosa etwas wieder verlangen

ricollegarsi

- a qualcuno sich auf jemanden beziehen
- a qualcosa sich auf etwas beziehen

riconcentrare

- su konzentrieren auf

riconcentrarsi

- su sich konzentrieren auf

ricondurre

- qualcosa a qualcosa etwas auf etwas zurückführen

ricondurre qualcuno alla ragione – jemanden wieder zur Vernunft bringen

ricongiungersi

- a qualcuno sich mit jemandem wieder vereinigen

riconoscere

- qualcuno jemanden wieder erkennen

riconoscere qualcuno alla voce – jemanden an der Stimme wieder erkennen

riconsolidarsi

- in qualcosa   sich in etwas bestärkt fühlen

ricoprire

- qualcuno   jemandes Sache gedenken, sich an jemanden erinnern
- qualcosa   einer Sache gedenken, sich an etwas erinnern
- qualcosa a qualcuno   jemanden an etwas erinnern
- qualcuno   jemandem ähneln

ricordarsi

- di qualcuno   sich an jemanden erinnern
- di qualcosa   sich an etwas erinnern

ricorrere

- a qualcuno   sich an jemanden wenden
- a qualcosa   zu etwas greifen

ricorrere in appello – Berufung einlegen

ricuperare

- qualcosa   etwas wiedererlangen

ricusare

- di fare qualcosa   ablehnen, etwas zu tun

ricusarsi

- di fare qualcosa   sich weigern, etwas zu tun

ridare

- qualcosa a qualcuno   jemandem etwas wieder geben

ridere   lachen

ridere fino alle lacrime – Tränen lachen
farsi ridere dietro – sich lächerlich machen
fare per ridere – etwas zum Spaß machen
ma non farmi ridere! – dass ich nicht lache!

---

ridersi

- di qualcosa   sich über etwas lustig machen

---

ridire

- qualcosa   etwas wiederholen

---

ridistanziare

- qualcuno   sich erneut von jemandem distanzieren
- qualcosa   sich erneut von etwas distanzieren

---

ridomandare

- qualcosa a qualcuno   jemanden etwas erneut fragen

---

ridonare

- qualcosa a qualcuno   jemandem etwas wiedergeben

---

ridurre

- qualcosa   etwas verringern

ridurre in polvere – zu Staub machen
ridurre qualcuno alla disperazione – jemanden zur Verzweiflung bringen

---

riempire

- qualcosa   etwas befüllen

---

riempirsi

- di qualcosa   sich mit etwas füllen

rientrare

- in sé   wieder zu sich kommen

rientrare in gioco – das Spiel wieder aufnehmen

---

rifare

- qualcosa   etwas wiederholen, neu machen

---

rifarsi

- di qualcosa   sich für etwas rächen
- da qualcosa   bei etwas beginnen

rifarsi da zero – bei null anfangen
rifarsela con qualcuno – sich mit jemandem anlegen

---

riferire

- qualcosa   etwas mitteilen, berichten
- qualcosa a qualcosa   etwas auf etwas beziehen

---

riferirsi

- a qualcosa   auf etwas Bezug nehmen
- su qualcosa   etwas vortragen

---

rifilare

- qualcosa a qualcuno   jemandem etwas andrehen

rifilare un ceffone a qualcuno – jemandem eine Ohrfeige verpassen

---

rifinire

- qualcosa   etwas vollenden

---

rifiutare

- qualcosa a qualcuno   jemandem etwas verweigern
- di fare qualcosa   sich weigern, etwas zu tun

rifiutarsi

- di fare qualcosa — sich weigern, etwas zu tun

riflettere

- su qualcosa — über etwas nachdenken

riflettersi

- su qualcosa — sich in etwas widerspiegeln

riformare

- qualcosa — etwas neu bilden

riformulare

- qualcosa — etwas umformulieren

rifornire

- qualcuno di qualcosa — jemanden mit etwas versorgen
- qualcosa di qualcosa — etwas mit etwas versorgen

rifornirsi

- di qualcosa — sich mit etwas versorgen

rifuggire

- da qualcosa — etwas meiden

riguardare

- qualcosa — etwas durchsehen, betrachten

riguardarsi

- da qualcosa — sich vor etwas vorsehen

rilevare

- qualcosa — etwas hervorheben

rimanere bleiben

rimanere male – enttäuscht sein
rimanere a corto di qualcosa – mit etwas knapp sein
rimanere indietro – zurückbleiben
rimanerci – dabei draufgehen

rimarcare

- qualcosa etwas bemerken, vermerken

rimborsare

- qualcosa a qualcuno jemandem etwas zurückzahlen

rimediare

- a qualcosa etwas wieder gutmachen

rimettere

- qualcosa etwas wieder aufstellen, hinlegen

rimetterci la salute – seine Gesundheit ruinieren
rimettersi a studiare – wieder mit dem Lernen beginnen

rimontare

- qualcosa etwas wieder montieren

rimpiangere

- qualcuno jemandem nachtrauern
- qualcosa etwas nachtrauern

rimpossessarsi

- di qualcosa etwas wieder in Besitz nehmen

rimproverarsi

- di qualcosa sich etwas vorwerfen

rimuovere
- qualcuno di qualcosa　　　jemanden aus etwas entfernen

rincorrere
- qualcuno　　　jemandem nachlaufen

ringraziare
- qualcuno　　　jemandem danken

rinnegare
- qualcosa　　　etwas verleugnen

rinnovare
- qualcosa　　　etwas erneuern, verlängern

rintoppare
- qualcuno　　　jemandem zufällig begegnen

rinunciare
- a qualcosa　　　auf etwas verzichten

rinunciare ad ogni speranza – jede Hoffnung aufgeben

rinviare
- a qualcosa　　　auf etwas verweisen

rioccuparsi
- di qualcuno　　　sich wieder um jemanden kümmern
- di qualcosa　　　sich wieder um etwas kümmern

riottenere
- qualcosa　　　etwas wieder erreichen

riottenere successo – wieder Erfolg haben

ripagare
- qualcuno di qualcosa		jemanden für etwas belohnen

riparare
- a qualcosa		einer Sache abhelfen
- a qualcosa		für etwas sorgen

ripararsi
- da qualcosa		sich vor etwas schützen

ripensare
- a qualcosa		etwas überdenken
- a qualcuno		an jemanden zurückdenken
- a qualcosa		an etwas zurückdenken

riperdonare
- qualcosa a qualcuno		jemandem etwas noch einmal verzeihen

ripetere
- qualcosa		etwas wiederholen

ripiegare
- su qualcosa		auf etwas ausweichen

riportarsi
- a qualcosa		sich auf etwas beziehen

riprendere
- qualcosa		etwas wieder nehmen

riprodurre
- qualcosa		etwas kopieren

riprometere

- qualcosa — etwas wieder versprechen

riprovare

- qualcosa — etwas wieder probieren

ripudiare

- qualcosa — etwas verleugnen

ripugnare

- a qualcuno — jemanden abstoßen

risapere

- qualcosa — etwas erfahren

riscaldare

- qualcosa — etwas aufwärmen, erhitzen

rischiare

- qualcosa — etwas riskieren
- di fare qualcosa — riskieren, etwas zu tun

risentire

- di qualcosa — an etwas leiden

a risentirci! – auf Wiederhören!

riservarsi

- di fare qualcosa — sich vorbehalten, etwas zu tun

risiedere

- in qualcosa — in etwas bestehen

risolvere
- qualcosa etwas lösen

risolversi
- in qualcosa auf etwas hinauslaufen

risolversi bene – gut ausgehen

risparmiare
- qualcosa etwas sparen

rispettare
- qualcuno jemanden respektieren

rispondere
- di sì/no mit Ja/Nein antworten
- a qualcosa auf etwas antworten

rispondere al telefono – sich am Telefon melden
rispondere al saluto di qualcuno – jemandes Gruß erwidern
rispondere ad una domanda – auf eine Frage antworten

risultare
- da qualcosa aus etwas resultieren

ritenere
- qualcosa etwas halten für

ritirarsi
- da qualcosa etwas aufgeben

ritornare
- in sé wieder zu sich kommen

ritrovare

- qualcosa   etwas wieder finden

riuscire

- a fare qualcosa   schaffen, etwas zu tun

rivedere

- qualcosa   etwas nachprüfen

rivelare

- qualcosa   etwas offenbaren

riverire

- qualcuno   sich jemandem empfehlen

riversare

- qualcosa su qualcuno   jemanden mit etwas überschütten

rivincere

- qualcosa   etwas wieder gewinnen

rivolgere

- qualcosa a qualcuno   etwas auf jemanden richten

rivolgere l'attenzione a qualcuno – die Aufmerksamkeit auf jemanden richten

rivolgersi

- a qualcuno   sich an jemanden wenden

rivoltarsi

- a qualcuno   sich gegen jemanden auflehnen
- a qualcosa   sich gegen etwas auflehnen

rompere

- qualcosa   etwas zerbrechen

---

rovesciare

- qualcosa   etwas verschütten

rovesciare la colpa su qualcuno – die Schuld auf jemanden abwälzen

---

rovinare

- qualcuno   jemanden ruinieren
- qualcosa   etwas verderben

---

rubare

- qualcosa a qualcuno   jemandem etwas stehlen

S

sabotare

- qualcuno   jemanden sabotieren
- qualcosa   etwas sabotieren

---

saggiare

- qualcosa   etwas prüfen
- qualcuno   jemanden auf die Probe stellen

---

salare

- qualcosa   etwas salzen

---

salire

- su   hinaufsteigen auf

---

saltare

- qualcosa   etwas überspringen
- fuori   herausplatzen

saltare dalla finestra – aus dem Fenster springen

saltare al collo di qualcuno – jemanden um den Hals fallen

saltare agli occhi – ins Auge springen

saltare in testa – einfallen

---

salutare

- qualcuno   jemanden begrüßen

andare a salutare qualcuno – jemanden besuchen gehen

---

salvaguardarsi

- da qualcosa   sich vor etwas hüten

salvare

- qualcuno   jemanden retten

salvare la vita a qualcuno – jemandem das Leben retten

---

sanare

- qualcosa   etwas heilen

---

sapere

- qualcosa   etwas wissen, können

saper fare qualcosa – etwas machen können

buono a sapersi – gut zu wissen

---

sapere

- di qualcosa   nach etwas schmecken
- di qualcosa   nach etwas riechen

non sapere di niente – nach nichts schmecken

---

satollarsi

- di qualcosa   sich mit etwas vollstopfen

---

saziarsi

- di qualcosa   sich an etwas sättigen

saziarsi di + Inf. – es müde werden zu...

---

sbagliare

- qualcosa   etwas verwechseln

sbagliare i calcoli – sich verrechnen

sbagliare strada – sich verfahren

sbagliarsi a leggere/scrivere – falsch lesen/schreiben

sbazazzarsi

- di qualcunosich entledigen von
- di qualcosasich entledigen von

sbellicarsi

- dalle risasich totlachen

sbirciare

- qualcunojemanden (heimlich) mustern

sbizzarrirsi

- a fare qualcosaetwas nach Lust und Laune tun

sboccare

- inmünden in

sbottare

- a riderein Lachen ausbrechen
- a piangerein Tränen ausbrechen

sbottonarsi

- con qualcunosich jemandem anvertrauen

sbarcarsi

- dal rideresich totlachen

sbrigarsi

- di qualcunosich jemandes entledigen
- di qualcosasich einer Sache entledigen

sbrigarsela – mit etwas fertig werden

sbrigliare

- qualcosaeiner Sache freien Lauf lassen

sbudellare

- qualcuno   jemandem den Bauch aufschlitzen

sbudellarsi

- dalle risate   sich den Bauch halten vor Lachen

scacciare

- qualcuno   jemanden verjagen

scaldare

- qualcosa   etwas erwärmen

scambiare

- qualcosa   etwas austauschen, wechseln
- qualcuno per qualcuno   jemanden mit jemandem verwechseln
- qualcosa per qualcosa   etwas mit etwas vertauschen
- quacosa con qualcosa   etwas gegen etwas tauschen

scandalizzarsi

- di qualcosa   sich über etwas empören

scannare

- qualcuno   jemandem die Kehle durchschneiden

scansare

- qualcuno   jemandem ausweichen
- qualcosa   etwas ausweichen
- qualcuno   jemanden meiden
- qualcosa   etwas meiden

scappare weglaufen, ausbrechen

mi scappa da ridere – ich kann mir das Lachen nicht verkneifen

mi scappa la pazienza – mir reißt die Geduld

di qui non si scappa – hier gibt es kein Entrinnen

gli è scappato di mente – es ist ihm entfallen

---

scarcerare

- qualcuno jemanden freilassen

---

scaricare

- qualcosa etwas entladen, ausladen

scaricare la propria collera su qualcuno – seine Wut an jemandem auslassen

scaricare la colpa addosso a qualcuno – jemandem die Schuld zuschieben

---

scarseggiare

- di mangeln an

---

scattare springen, losgehen, hochschnellen

scattare in piedi – aufspringen

scattare sull'attenti – strammstehen

---

scavalcare

- qualcuno jemandem überflügeln

---

scegliere

- qualcosa etwas aussuchen

---

scendere hinuntergehen, hinabsteigen

- da aussteigen

scendere a valle – zu Tal fahren

scendere da cavallo – vom Pferd absteigen

scendere dal treno – aus dem Zug steigen

scervellarsi
- su qualcosa   sich über etwas den Kopf zerbrechen
- intorno a qualcosa   sich über etwas den Kopf zerbrechen

schermirsi
- da qualcosa   sich vor etwas schützen

schernire
- qualcuno   jemanden verhöhnen

scherzare   scherzen, spaßen

scherzare col fuoco – mit dem Feuer spielen
c'è poco da scherzare – da gibt's nichts zu lachen

schiaffeggiare
- qualcuno   jemanden ohrfeigen

schierarsi
- dalla parte di   für jemanden Partei ergreifen
- contro qualcuno   sich gegen jemanden stellen

schifarsi
- di qualcosa   sich vor etwas ekeln

schiudere
- qualcosa   etwas öffnen

sciacquare
- qualcosa   etwas ausspülen

sciacquarsi le mani – die Hände abwaschen

scialacquare
- qualcosa   etwas verschwenden, verprassen

scioccare

- qualcuno   jemanden schockieren

sciogliere

- qualcosa   etwas lösen, loslassen

sciogliersi

- da qualcosa   sich einer Sache entledigen

sciogliersi in lacrime – in Tränen ausbrechen

scippare

- qualcuno   jemandem die Tasche wegreißen

sciropparsi

- qualcosa   etwas über sich ergehen lassen

sciupare

- qualcosa   etwas verschwenden, vergeuden

scombinare

- qualcosa   etwas durcheinanderbringen

scommettere

- qualcosa   um etwas wetten

scomporre

- qualcosa   etwas zerlegen

scongiurare

- qualcosa   etwas beschwören, abwenden

sconsigliare
- qualcosa a qualcuno   jemandem von etwas abraten
- di + Inf.   davon abraten, zu

scoppiare
- a piangere   in Tränen ausbrechen
- a ridere   in Gelächter ausbrechen

scoprire
- qualcosa   etwas aufdecken, entdecken

scorciare
- qualcosa   etwas kürzen

scordare
- qualcosa   etwas vergessen

scorgere
- qualcuno   jemanden bemerken
- qualcosa   etwas bemerken

scrivere
- qualcosa a qualcuno   jemandem etwas schreiben

scrivere a mano – von Hand schreiben
scrivere a macchina – mit der Maschine schreiben
scrivere qualcosa alla lavagna – etwas an die Tafel schreiben
come si scrive? – wie schreibt man das?

scrollare   schütteln

scrollare le spalle – mit den Schultern zucken

scrutare

- qualcosa   etwas erforschen

---

scusarsi

- con qualcuno di qualcosa   sich bei jemandem für etwas entschuldigen

mi scusi! – Verzeihung!

---

sdebitarsi

- con qualcuno di qualcosa   sich bei jemandem für etwas revanchieren

---

sdegnare

- qualcosa   etwas ablehnen

---

seccarsi

- di fare qualcosa   es satthaben, etwas zu tun

---

sedere   sitzen

mettersi a sedere – sich hinsetzen

stare a sedere – sitzen

sedere a tavola – am Tisch sitzen

sedersi a tavola – sich zu Tisch setzen

---

segnalare

- qualcosa   etwas anzeigen

---

segnalarsi

- per qualcosa   sich durch etwas auszeichnen

---

segnare

- qualcosa   etwas anmerken

segnare qualcuno a dito – mit Fingern auf jemanden zeigen

segnare il tempo – den Takt schlagen

sembrare scheinen

sembra che + Conj. – es scheint, dass...

come ti sembra? – was hälst du davon?

---

semplificare

- qualcosa etwas vereinfachen

---

serbare

- qualcosa etwas aufbewahren

---

servire

- qualcuno jemandem dienen
- qualcosa a qualcuno jemandem etwas servieren

servire la patria – dem Vaterland dienen

servire qualcuno – jemandem den Ball zuspielen

---

servirsi

- di qualcosa etwas benutzen
- di qualcuno jemanden ausnützen

---

seviziare

- qualcuno jemanden vergewaltigen, misshandeln

---

sezionare

- qualcosa etwas aufteilen

---

sfare

- qualcosa etwas zerstören

---

sfidare

- qualcosa etwas herausfordern, provozieren

sfido io! – ganz meine Meinung!

sfociare

- inmünden in
- in qualcosain etwas münden, mit etwas enden

sfogarsi

- con qualcunojemandem sein Herz ausschütten
- su qualcunoseine Wut an jemandem auslassen
- contro qualcunoseine Wut an jemandem auslassen

sfornire

- qualcosa di qualcunojemandem etwas wegnehmen

sfrattare

- qualcunojemandem kündigen

sgambettare

- qualcunojemandem ein Bein stellen

sgomentarsi

- di qualcosaüber etwas bestürzt sein

siglare

- qualcosaetwas unterzeichnen

signoreggiare

- su qualcunoüber jemanden herrschen

simpatizzare

- con qualcunosich mit jemandem verstehen
- per qualcosamit etwas sympathisieren

simulare

- qualcosaetwas vortäuschen

© Forza! Verben und ihre Präpositionen

sindacare

- qualcosa — etwas überprüfen

sistemare

- qualcosa — etwas in Ordnung bringen

slanciarsi

- contro qualcuno — sich auf jemanden werfen
- su qualcuno — sich auf jemanden werfen

smaniare

- di fare qualcosa — darauf brennen, etwas zu tun

smantellare

- qualcosa — etwas abreißen

smarrire

- qualcosa — etwas verlieren, verlegen

smascherare

- qualcosa — etwas enthüllen, aufdecken

smentire

- qualcosa — etwas dementieren

smettere

- di fare qualcosa — aufhören, etwas zu tun

smezzare

- qualcosa — etwas halbieren

smuovere

- qualcosa — etwas verrücken

sobbarcarsi

- a qualcosa   sich etwas aufbürden

soccorrere

- qualcuno   jemandem Hilfe leisten

soddisfare

- qualcuno   jemanden zufrieden stellen
- a qualcosa   einer Sache genügen

soffermarsi

- su qualcosa   sich bei etwas aufhalten

soffocare

- qualcuno   jemanden ersticken

soffocare i propri sentimenti – seine Gefühle unterdrücken

soffrire

- di qualcosa   an etwas leiden

soggiacere

- a qualcosa   einer Sache unterliegen

solere

- fare qualcosa   pflegen, etwas zu tun

sollevare

- qualcosa   etwas anheben, erheben

somigliare

- a qualcuno   jemandem gleichen

sopire

- qualcuno   jemanden besänftigen

sopperire

- a qualcosa   etwas bewältigen

sopperire alle spese – die Kosten bestreiten

sopportare

- qualcosa   etwas ertragen, aushalten

sopprimere

- qualcosa   etwas abschaffen

sopraffare

- qualcuno   jemanden überwältigen

soprannominare

- qualcuno   jemandem einen Spitznamen geben

soprassedere

- a qualcosa   etwas aufschieben

sopravvalutare

- qualcosa   etwas überbewerten

sopravvivere

- a qualcuno   jemanden überleben
- a qualcosa   etwas überleben
- in qualcosa   in etwas weiterleben

soprintendere

- a qualcosa   bei etwas die Oberaufsicht führen

sormontare
- qualcosa — etwas überwinden

sorpassare
- qualcosa — etwas überragen, überschreiten

sorprendersi
- di qualcosa — sich über etwas wundern

sorridere
- a qualcuno — jemandem zulächeln

sorvegliare
- qualcosa — etwas überwachen

sorvolare
- su qualcosa — über etwas hinweggehen

sospettare
- di qualcuno — jemanden verdächtigen

sospirare
- qualcosa — etwas herbeisehnen

sostituire
- qualcosa — etwas auswechseln

sostituirsi
- a qualcuno — an jemandes Stelle treten
- a qualcosa — etwas ersetzen

sottolineare
- qualcosa — etwas unterstreichen

sottoporre

- qualcosa   etwas vorlegen, unterbreiten

sottoscrivere

- qualcosa   etwas unterschreiben

sottovalutare

- qualcosa   etwas unterschätzen

sottrarrsi

- a qualcuno   sich jemandem entziehen
- a qualcosa   sich etwas entziehen

sovraccaricare

- qualcosa di qualcosa   etwas mit etwas überladen
- qualcuno di qualcosa   jemanden mit etwas überlasten

spacciare

- per   ausgeben als

spandere

- qualcosa   etwas verschütten, vergießen

spendere e spandere – das Geld mit vollen Händen ausgeben

sparlare

- di qualcuno   von jemandem schlecht reden

spaventare

- qualcuno   jemanden erschrecken

specializzarsi

- in qualcosa   sich auf etwas spezialisieren

specificare

- qualcosa — etwas genauer darstellen

speculare

- su qualcuno — etwas ausnutzen

spedire

- qualcosa — etwas verschicken

spegnere

- qualcosa — etwas ausmachen, ausschalten

spellare

- qualcuno — jemandem das Fell über die Ohren ziehen

spellare un animale – einem Tier das Fell abziehen

spendere

- qualcosa — etwas ausgeben

sperare

- di + Inf. — hoffen zu
- che + Conf. — hoffen, dass
- in — hoffen auf
- in qualcuno — auf jemanden hoffen
- in qualcosa — auf etwas hoffen

spero di sì/no – ich hoffe ja/nein

spesare

- qualcuno — jemandem den Unterhalt zahlen

spezzare

- qualcosa — etwas brechen

spiantare

- qualcosa — etwas ruinieren; ausreißen

spiccare

- qualcosa — etwas ausstellen, erlassen

spiccare un salto – aufspringen
spiccare il volo – auffliegen

spiegare

- qualcosa a qualcuno — jemandem etwas erklären

mi sono spiegato? – habe ich mich klar ausgedrückt?

spingere

- qualcuno a qualcosa — jemanden zu etwas treiben, verleiten

spogliarsi

- di qualcosa — etwas weggeben

spogliarsi dei pregiudizi – Vorurteile ablegen

sporcare

- qualcosa — etwas beschmutzen, schmutzig machen

spostare

- qualcosa — etwas verschieben, verrücken

sprecarsi

- in qualcosa — für etwas seine Kräfte vergeuden

spuntare

- qualcosa — etwas meistern, überwinden

sputare spucken
- su qualcosa auf etwas pfeifen

sputare sangue – sich abmühen
sputare sentenze – Sprüche klopfen
sputare veleno – Gift und Galle spucken

---

stabilire
- qualcosa etwas beschließen, festlegen

---

stabilizzare
- qualcosa etwas stabilisieren, festigen

---

staccare
- su qualcosa sich von etwas abheben

---

stampare
- qualcosa etwas ausdrucken

---

stancarsi
- di qualcosa etwas leid werden, statthaben
- di qualcuno jemanden satthaben

---

stare sein, sich befinden
- a sich verhalten zu
- a qualcosa sich an etwas halten
- per fare qualcosa im Begriff sein, etwas zu tun

stare fermo – still stehen
stare seduto – sitzen
stare a dieta – auf Diät sein
stare a cuore – am Herzen liegen
stare dai genitori – bei den Eltern wohnen

stare allo scherzo – Spaß verstehen
starci – passen
stare a sentire – zuhören
lasciar stare – sein lassen

stentare

- a fare qualcosa   Mühe haben, etwas zu tun

stentare a leggere – mit Mühe lesen können

sterminare

- qualcosa   etwas vernichten

stipendiare

- qualcuno   jemandem ein Gehalt bezahlen

stipulare

- qualcosa   etwas vereinbaren

stirare

- qualcosa   etwas bügeln

stomacare

- qualcuno   jemandem den Magen umdrehen

stomacarsi

- di qualcosa   sich vor etwas ekeln

stonare

- con qualcosa   zu etwas nicht passen

stornare

- qualcosa   etwas stornieren

qualcuno da qualcosa   *jemanden von etwas ablenken*

strapazzare

- qualcuno jemanden misshandeln
- qualcosa etwas strapazieren

strattonare

- qualcuno jemandem einen Stoß versetzen

strevolgere

- qualcuno jemanden verwirren

stridere

- con qualcosa sich mit etwas nicht vertragen

stringere

- qualcosa etwas festhalten

stringere la mano a qualcuno – jemandem die Hand drücken
stringere qualcuno fra le braccia – jemanden in die Arme schließen
stringersi nelle spalle – die Schultern zucken

strizzare

- qualcosa etwas auswringen

strizzare l'occhio a qualcuno – jemandem zuzwinkern

struggersi

- di qualcosa vor etwas vergehen
- per qualcosa vor etwas vergehen

struggersi d'amore per qualcuno – sich in Liebe zu jemandem verzehren

studiare

- qualcosa etwas lernen, studieren

studiare all'università – an der Universität studieren

stufarsi
- di qualcunojemanden leid werden
- di qualcosaetwas leid werden

subentrare
- a qualcunojemanden vertreten

subissare
- qualcuno di qualcosajemanden mit etwas überhäufen

subordinare
- qualcosa a qualcosaetwas einer Sache unterordnen

succederepassieren
- a qualcunojemandem nachfolgen
- a qualcosaauf etwas folgen

cosa ti succede? – was ist mit dir los?

sudareschwitzen

sudare sangue – Blut schwitzen

suddividere
- qualcosaetwas unterteilen

suggerire
- qualcosaetwas vorsagen, einflüstern

suonareläuten

suonare il clacson – hupen

superare
- qualcuno in qualcosajemanden an etwas übertreffen

supervalutare

- qualcosa   etwas überschätzen

supplire

- con qualcosa a qualcosa   etwas mit etwas ausgleichen

supporre

- qualcosa   etwas annehmen

suscitare

- qualcosa   etwas auslösen

suscitare la pietà – Mitleid hervorrufen

susseguire

- qualcuno   jemandem nachfolgen
- a qualcosa   auf etwas folgen

sussurrare

- contro qualcuno   über jemanden munkeln

svegliare

- qualcuno   jemanden wecken

svegliarsi

- a qualcuno   in jemandem erwachen

svezzarsi

- a qualcosa   sich etwas abgewöhnen

sviluppare

- qualcosa   etwas entwickeln, aufbauen

sviolinare
- qualcuno   jemandem schöntun

sviscerarsi
- per qualcuno   für jemanden schwärmen

T

tacciare

- qualcuno di qualcosa   jemanden für etwas beschuldigen

tacere

- di qualcosa   über etwas schweigen
- su qualcosa   zu etwas schweigen

mettere a tacere qualcosa – etwas vertuschen

tagliare

- qualcosa   etwas schneiden

tagliare in due – halbieren

tagliare in quattro – vierteln

tagliare la corda – sich aus dem Staub machen

taglieggiare

- qualcuno   jemandem Kontributionen auferlegen

tallonare

- qualcuno   jemandem auf den Fersen sein

tappare

- qualcosa   etwas verstopfen, abdichten

tappare la bocca a qualcuno – jemandem den Mund stopfen

tastare

- qualcosa   etwas tasten, befühlen

tastare il polso – den Puls fühlen

telefonare

- a qualcuno   mit jemandem telefonieren

temere

- qualcosa   etwas fürchten
- per qualcuno   sich um jemanden sorgen
- per qualcosa   sich um etwas sorgen
- di qualcuno   an jemandem zweifeln
- di qualcosa   an etwas zweifeln

tendere

- a qualcosa   nach etwas streben, zu etwas neigen

tenere

- qualcosa   etwas halten
- qualcosa da conto   etwa aufbewahren
- conto di qualcosa   etwas berücksichtigen
- a qualcosa   auf etwas Wert legen

tenere compagnia – Gesellschaft leisten

tenere la destra/sinistra – sich rechts/links halten

tenersi in piedi – sich auf den Beinen halten

tenersi dal ridere – sich das Lachen verbeißen

tentare

- qualcosa   etwas versuchen

terminare

- qualcosa   etwas abschließen

terrorizzare

- qualcuno   jemanden terrorisieren

tesserare

- qualcuno   jemandem Mitgliedskarten ausstellen

testimoniare

- qualcosa   etwas bezeugen
- di qualcosa   von etwas zeugen

testimoniare il falso – falsch aussagen

tifare

- per qualcuno   für jemanden schwärmen

tingere

- qualcosa   etwas färben

tingersi

- di qualcosa   sich mit etwas mischen

tiranneggiare

- qualcuno   jemanden tyrannisieren

tirare

- su   hochziehen

tirare su le maniche – die Ärmel hochkrempeln
tirare qualcosa per le lunghe – etwas in die Länge ziehen
tirare il fiato – aufatmen
tirare avanti – sich durchschlagen
tirare dritto – weitergehen
tirarsi indietro – sich zurückziehen

toccare

- qualcosa etwas berühren

toccare con mano – mit Händen greifen

toccare terra – landen

tocca a me – ich bin dran

---

togliere

- qualcosa etwas wegnehmen

togliere di mezzo qualcuno – jemanden aus dem Weg schaffen

togliersi la vita – sich das Leben nehmen

---

tollerare

- qualcosa etwas ertragen

---

tornare

- a fare qualcosa etwas noch einmal tun
- in sé wieder zu sich kommen

tornare alla mente – wieder in den Sinn kommen

tornare di moda – wieder in Mode kommen

il conto torna – die Rechnung geht auf

---

torturare

- qualcuno jemanden quälen, foltern

torturarsi il cervello – sich das Gehirn zermartern

---

tradire

- qualcuno jemanden betrügen

---

tradurre

- qualcosa etwas übersetzen

trafficare

- in qualcosa   mit etwas handeln

tranquillizzare

- qualcuno   jemanden beruhigen

trarre

- qualcosa   etwas bringen

trarre in salvo – in Sicherheit bringen
trarre in inganno – täuschen

trascrivere

- qualcosa   etwas umschreiben, abschreiben

trasmettere

- qualcosa   etwas übertragen, weitergeben

trasportare

- qualcosa   etwas befördern

lasciarsi trasportare – sich überwältigen lassen

trasvolare

- su   hinweggehen über

trasvolare da un argomento all'altro – von einem Argument zum anderen springen

trattare

- qualcuno   jemanden behandeln
- di qualcosa   von etwas handeln
- con qualcuno   mit jemandem zu tun haben

trattarsi

- di qualcosa   sich um etwas handeln

trattenere

- qualcuno   jemanden aufhalten

traversare

- qualcosa   etwas überqueren

travestire

- da   verkleiden als

travestirsi

- da   sich verkleiden als

tremare

- per qualcuno   um jemanden bangen

tremare di freddo – vor Kälte zittern

tremare per la rabbia – vor Wut zittern

trepidare

- per qualcuno   sich um jemanden sorgen

trovare

- qualcosa   etwas finden

trovare qualcuno simpatico – jemanden sympathisch finden

trovare qualcosa da ridire – etwas auszusetzen haben

andare a trovare qualcuno – jemanden besuchen

trovarsi bene con qualcuno – mit jemandem gut auskommen

U

ubbidire

- a qualcuno   jemandem gehorchen
- a qualcosa   etwas befolgen

uccidere

- qualcuno   jemanden töten

ufficializzare

- qualcosa   etwas öffentlich bekannt geben

uguagliare

- qualcuno in qualcosa   jemandem an etwas gleichkommen

umiliare

- qualcuno   jemanden demütigen

ungere

- qualcuno   jemanden schmieren, jemandem schmeicheln

unificare

- qualcosa   etwas vereinheitlichen

uniformare

- qualcosa a qualcosa   etwas an etwas anpassen

uniformarsi

- a qualcosa   sich an etwas anpassen

unire

- qualcosa   etwas zusammenführen

unirsi

- a qualcuno sich jemandem anschließen

unirsi in matrimonio – eine Ehe eingehen

---

urtare

- contro qualcosa gegen etwas prallen
- in qualcosa auf etwas stoßen

---

usare

- qualcosa etwas verwenden
- di qualcosa von etwas Gebrauch machen
- fare qualcosa etwas zu tun pflegen

usare un diritto – von einem Recht Gebrauch machen
usare attenzione – Acht geben

---

uscire hinausgehen

- in enden auf

uscire a dire qualcosa – mit etwas herausplatzen
uscire di mano – entgleiten
uscire di mente – entfallen
uscire dagli occhi – zu den Ohren herauskommen

---

usufruire

- di qualcosa sich etwas zunutze machen

---

utilizzare

- qualcosa etwas benutzen

V

vagare umherziehen

vagare con la mente – den Gedanken freien Lauf lassen

---

vagheggiare

- qualcosa etwas herbeisehnen

---

vagliare

- qualcosa etwas prüfen

---

valere gelten

farsi valere – sich Geltung verschaffen

valere la pena – sich lohnen

non valere un fico – keinen Pfifferling wert sein

vale a dire – das heißt

tanto vale che non + Conj. – dann braucht man gar nicht erst

tanto vale non + Inf. – dann braucht man gar nicht erst

---

valersi

- di qualcosa sich etwas zunutze machen
- di qualcuno sich jemandes bedienen

---

validare

- qualcosa die Wirksamkeit einer Sache nachweisen

---

valorizzare

- qualcuno jemanden aufwerten
- qualcosa etwas verschönern

valutare

- qualcuno   jemanden schätzen

valutare troppo/poco qualcuno – jemanden zu hoch/zu gering schätzen

---

vantarsi

- di qualcosa   sich einer Sache rühmen

---

vedere

- qualcosa   etwas sehen

vedere nero – schwarzsehen

vedere qualcosa coi propri occhi – etwas mit eigenen Augen sehen

farsi vedere – sich sehen lassen

vedi retro – bitte wenden

a mio modo di vedere – meines Erachtens

stare a vedere – abwarten

non poter vedere qualcuno – jemanden nicht leiden können

non vedo l'ora di + Inf. – ich kann es kaum erwarten zu

vedersi perduto – keinen Ausweg mehr sehen

farsi vedere dal medico – sich vom Arzt untersuchen lassen

---

velare

- qualcosa   etwas trüben, verschleiern

---

vendere

- qualcosa a qualcuno   jemandem etwas verkaufen

vendere all'asta – versteigern

vendere sottobanco – schwarz verkaufen

averne da vendere – davon in Hülle und Fülle haben

vendicarsi

- di qualcosa	sich für etwas rächen
- su qualcuno	sich an jemandem rächen

venire	kommen
- da	kommen aus
- su	heraufkommen
- giù	herunterkommen
- dopo	nachkommen
- via	abgehen
- avanti	vortreten
- dentro	hereinkommen
- dietro	hinterherkommen

andare e venire – kommen und gehen

venire a trovare qualcuno – jemanden besuchen kommen

venire a sapere – erfahren

venire alla luce – ans Licht kommen

venire al sodo – zur Sache kommen

venire a noia – langweilig werden

mi viene in mente qualcosa – mir fällt etwas ein

mi viene da vomitare – ich muss mich übergeben

a venire – künftig

quanto viene? – was macht das?

vergognarsi

- di qualcosa	sich für etwas schämen
- di qualcuno	sich für jemanden schämen

vergognarsi come un ladro – sich in Grund und Boden schämen vergognati! – schäm dich!

versare gießen
- da bere einschenken

vertere
- su betreffen
- intorno a sich handeln um

vestire
- qualcuno jemanden anziehen
- qualcosa di qualcosa etwas mit etwas überziehen

vestire di nero – sich in Schwarz kleiden
vestire a lutto – Trauerkleidung tragen
vestire alla moda – sich modisch kleiden
vestirsi di bianco – Weiß tragen

viaggiare
- in + Verkehrsmittel reisen mit + Verkehrsmittel

viaggiare in treno – mit dem Zug reisen

vietare
- a qualcuno di fare qualcosa jemandem verbieten etwas zu tun

vietato fumare – Rauchen verboten
sosta vietata – Parken verboten

vigilare
- su über etwas wachen

vincere

- qualcosa   etwas gewinnen

vincere qualcuno in bellezza – jemanden an Schönheit übertreffen
vincerla – es schaffen
sicuro di vincere – siegessicher

---

visitare

- qualcosa   etwas besichtigen
- qualcuno   jemanden untersuchen

---

vivere

- all'estero   im Ausland leben
- in campagna/città   auf dem Land/in der Stadt leben

vivere del proprio lavoro – von seiner Arbeit leben

---

viziare

- qualcuno   jemanden verwöhnen

---

volere   wollen

volere bene a qualcuno – jemanden gernhaben
volere male a qualcuno – jemanden nicht mögen
volere dire – bedeuten
non volermene! – sei mir nicht böse!
ci vuole – es ist nötig

---

volgere

- qualcosa in qualcosa   etwas in etwas verwandeln
- a destra/a sinistra   rechts/links abbiegen
- a qualcosa   auf etwas abzielen

volgere al termine – sich dem Ende zuneigen

volgere le spalle a qualcuno – jemandem den Rücken zukehren

volgersi

- verso qualcuno · sich jemandem zuwenden
- a destra/a sinistra · sich nach rechts/links drehen

voltare

- qualcosa · etwas wenden

voltare pagina – umblättern
voltare le spalle a qualcuno – jemandem den Rücken zukehren

votare

- per/contro qualcuno · für/gegen jemanden stimmen
- per/contro qualcosa · für/gegen etwas stimmen

Z

zuccherare
- qualcosa   etwas süßen, zuckern

---

zumare
- su un patricolare   ein Detail zoomen

www.lernhilfen-sprachen.com

www.lernhilfen-shop.com

Titelbild: Fotolia

ISBN-13: 9783739263830

ISBN-10: 3739263830